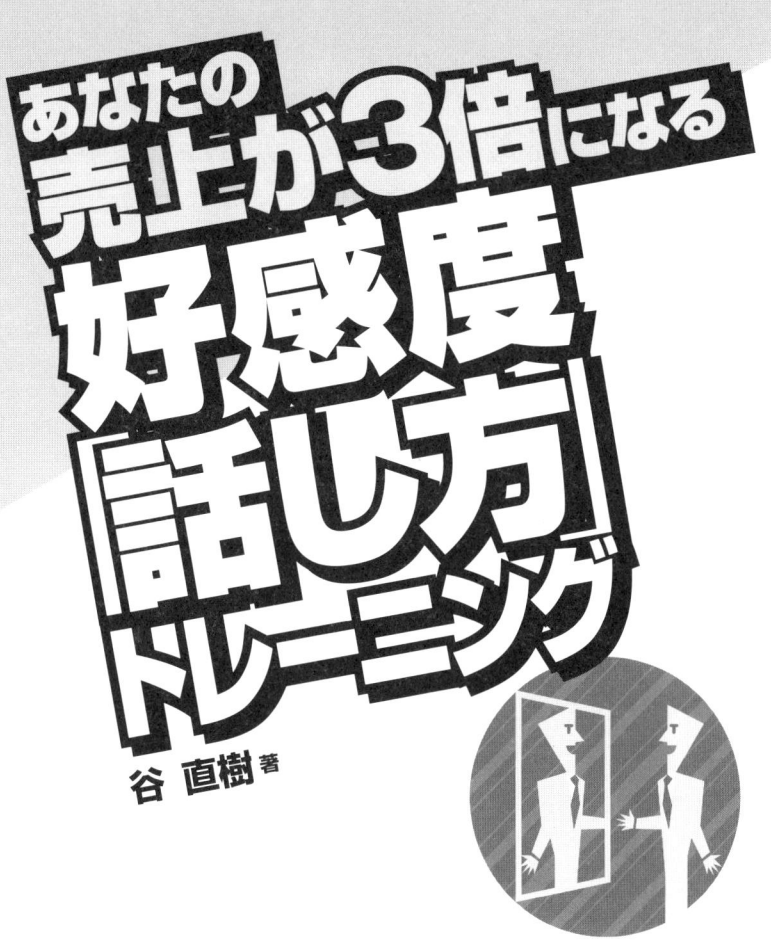

あなたの売上が3倍になる 好感度「話し方」トレーニング

谷 直樹 著

セルバ出版

はじめに

　今この本を手にしているということは、あなたは自分の「営業技術」をもっと磨きたい、仕事の成績をもっと上げたい、と思っているのですか。もしそうなら、筆者はこういいましょう。
　「よかったですね。本当におめでとうございます！」。
　あなたは本日ただいま、1冊の本と運命の出会いをされたのです。
　ハッキリいいますが、この本はあなたを変えます。しかも、まったくムリなく、誰にでもできるやり方で。
　そんなにカンタンで効果的なやり方があるなら、とっくに誰かが発表して実践済みだろう、と思うでしょう。でも、そうじゃないのです。
　なぜか。それは本書でお話するやり方に誰も気づかなかったからです。
　今まで多く出版されてきた『こうすれば営業技術が上がる！』とか『お客様をつかむ営業テクニック』とかいう本は、たいてい営業マンが現場で経験した知識と技能をもとに書いたものでした。つまり、「売る側」の視点で「売る技術」をきわめようとした本ばかりでした。しかし、この本は全然違います。
　まず、筆者は「もと営業マン」ではありません。また「売る側」ではなく、永らく「買う側」の人間でした。「そんなシロウトに何がわかるっていうの？」という声が聞こえて来そうですね。まあ、ちょっと待ってください。他の本とこの本の違いをお話しますから。
　筆者は「演劇」というものを学問として勉強した人間です。演劇は、俳優が「言葉」と「からだ」を使ってテーマを伝えて行く芸術ですが、その伝え方が上手であればあるほど、観客は強く感動します。では、観客を感動に導くことができるうまい役者さんとはどういうものなのかといいますと、観客の反応を敏感にとらえながら、それに応じたすばらしく良い声でセリフをいい、まことにムダのない身のこなしができる人なのです。
　そこで、考えました。「こういう役者の技術って、とても心地よくものごとを伝えるコミュニケーション法だよな。使えるぞ」と。お客様（買う側）の気持ちになって、心地よい声で、心地よい身のこなしで営業すれば、成績は上がるのではないだろうか。
　商品は良いのに、営業担当者のお客様へのアプローチがダメなために売れていない例は、実に多いと思います。そういう実例に触れるたびに、かねが

ね「本当にもったいないなあ」と思っていました。

　で、「演劇的な技術を応用して、言葉とからだで好感度を与えよう」というセミナーをやってみました。たくさんの営業マンが受講してくださいました。

　セミナーを終えて会場をあとにしながら、誰もが口々にいいました。「目からウロコでした！」「さっそく明日からやってみます！」。

　その後、筆者がお教えしたテクニックを使って営業マンたちは確実に成績を上げていると聞いています。

　若い美容師さんたちにも同じようなセミナーをやりました。こちらはシリーズ化して何回にも分けて詳しくお教えしました。結果、彼らの接客技術は飛躍的によくなり、何よりお客様からのクレームが激減したそうです。

　この本は、セミナーでお教えしていることをよりパワーアップさせてまとめたものです。徹底的に「買う側」の視点から、「演劇的なコミュニケーションの手法」を使ってお客様の心を開く技術をお教えします。ここが、「売る側」の視点から、基本的なコミュニケーションの技法を学習することなしに「売る技術だけ」を追求しようとしている他の本とまったく違うところです。

　手法としては、俳優がやる演技のための訓練を応用して実践していきます。

　「え〜？　でも、オレ、演劇なんて見たことすらないし、ましてや俳優のマネなんて、とってもじゃないけどできないよ！　そりゃムリだよ、ゼッタイ！」と、今思いませんでしたか。

　だいじょうぶ、だいじょうぶ。平気、平気。なんの心配もありませんよ。なにもあなたを役者にしようというのじゃありません。ですから、俳優養成訓練みたいなことはしません。そのエッセンスを応用するのにすぎません。

　お客様との間に気持ちのよい人間関係が築けるようにして差し上げよう、というだけです。人間は、嫌いな人からモノを買おうとはけっして思いません。ですから、あなたを好きになってもらうためにも本書を活用してくださいと思います。

平成20年7月

谷　　直樹

あなたの売上が3倍になる好感度「話し方」トレーニング　目　次

はじめに

1 相手に好感度を与える声と言葉

1　あなたはせっかくのチャンスを逃していませんか　12
①ダメダメ電話セールス
②これが好感度の基本

2　あなたが商機を逃している5つの重大ミス　15
①話し方5つの重大ミス
②発音と声の使い分けがポイント

3　キレのよい声と言葉の威力がものをいいます　19
①キレのよい声は聞かせる声
②あなたの自信と誠意がポイント

4　「良い声」ってどういう声のこと　23
①あなたが出しやすい声がいい声
②「声」には「3つの声」がある
③ムリして出す声は最悪
④カンタンな訓練で「良い声」がつくれる
⑤まねるは学ぶ：大沢悠里さんの「けっして力まないＤＪ術」

5　「良い発音」ってなに　32
①情報を正しく伝えられることが先決
②「良い発音」は「やわらかい声」を生む
③聞き苦しい「ガギグゲゴ」はダメ
④まねるは学ぶ：桂歌丸さんの「美しい日本語」

6 「良い声」「通る声」というのは ──── 41
①「わめく」「どなる」は「やかましい」だけ
②声帯を手玉に取る
③「良い声」は小さくても聞こえる
④まねるは学ぶ：小林稔侍さんの「小声でも通るセリフ」

② 好感度は間と呼吸と声の使い方

1 こんな場面にはこの声で「高低強弱」声の使い分け ──── 48
①声の「高低強弱」を使い分ける
②商品メリットは「高い声」で
③あなただけへの限定サービスは「低い声」で
④商品への自信は「強い声」で
⑤いいにくいことは「弱い声」で
⑥まねるは学ぶ：橋爪功さんの「臨機応変のセリフ術」

2 「間（ま）」と「呼吸」がものすごく大事 ──── 56
①「間」と「呼吸」は話し方の柱
②標準語じゃなくてもかまわない
③「繰り返し」も重要なテクニック
④「速い」と「ゆっくり」を組み合わせる
⑤「呼吸」の取り方
⑥まねるは学ぶ：西田敏行さんの「絶妙な呼吸」

3 言葉の「悪いクセ」をなくそう ──── 69
①自分では気づいていない言葉の「悪いクセ」

　②３分間スピーチで「悪いクセ」を発見
　③「変なアクセント」「不明瞭な発音」を直す
　④「使いすぎるフレーズ」を自覚
　⑤まねるは学ぶ：林家木久扇さんの「ヤーネー」

4　「良い声」を保つには ── 76
　①声帯が疲れたら、どうなる
　②声帯が疲れたら、こうしなさい
　③声帯をダメにする方法
　④まねるは学ぶ：秋川雅史さんもこうしている「声楽家の声の守り方

③ 「敬語」は、こうやって操れ！

1　敬語は３つの種類がある ── 84
　①敬語で好感度アップ
　②「丁寧語（ていねいご）」の使い方は
　③「謙譲語（けんじょうご）」の使い方は
　④「尊敬語（そんけいご）」の使い方は

2　こんな「ダメダメ敬語」を使っていませんか ── 94
　①要注意は過剰敬語（尊敬語プラス尊敬語）
　②「本日は、部長様が直々にお越しになられまして、まことにありがとうございます」はダメ
　③「ご一緒に仕事をさせていただきたいので、課長様がおりましたら呼んでいただきたいと思います」はもっ

　　とダメ
④「念のため、今のお話をもう一度聞かせてください。部長様、なんと申されましたか」はさらにダメ
⑤「会議を控えて、皆様お待ちになっておられるようなので、この辺で失礼いたします」はもっとさらにダメ
⑥「ダメダメ敬語」10題テスト：何問できますか
⑦まねるは学ぶ：明石家さんまさんは「敬語」を使わない

 4 好感度を与える話し方トレーニング

1　とにかく相手を「いい気持ち」にさせる ……… 106
①人と仲よくなれる第一歩は「ほめること」
②モノをほめず、使っているヒトをほめる
③「オレはコイツより上だね」と思わせる
④相手の得意なことを見つけ「教えてください」
⑤まねるは学ぶ：黒柳徹子さんは「聞き方名人」

2　好感度を与える「商品説明」はこの順番で ……… 118
①お客様の興味は「効果」と「値段」だけ
②だから、興味があることを真っ先に話す
③「お客様、こんなことで困っていませんか」
④「それをこういうふうに改善できたらうれしくありませんか」
⑤「それを実現できるモノ（商品）があるんです」
⑥「この商品を使うと、こんなにイイコトがあるんですよ」
　「私も大好きで使っています」

⑦「価格は○○○円、扱いはカンタン、安全です」
⑧「この商品の材質は○○○で……」

5 好感度を与える表情と姿勢のトレーニング

1　「良い姿」ってどういう姿勢のこと ･････････････････ 130
　①背の高さ、太っている、やせているは関係ない
　②好感の持てる姿勢
　③好感の持てる表情
　④からだの利点を活用する
　⑤まねるは学ぶ：石塚英彦さんは「こうして売れた」

2　ストレッチ体操のすすめ ･････････････････ 137
　①柔らかいからだをつくる
　②骨と筋肉を解放する
　③バカにできないラジオ体操
　④でも、ムリは禁物

3　相手に応じて姿勢をつくろう ･････････････････ 144
　①大きい人にはこの姿勢
　②小さい人にはこの姿勢
　③元気な人にはこの姿勢
　④優しい人にはこの姿勢
　⑤気位が高い人にはこの姿勢
　⑥物静かな人にはこの姿勢

4 「悪いクセ」をなくそう ---- 152
①心に引っかかるものがあるとクセになって出る
②チェックミーティングで「悪いクセ」を指摘
③「不愉快な動き」を確認
④心はいつもやすらかに
⑤まねるは学ぶ：水谷豊さんの「相棒」的演技

6 イメージトレーニングで好感度に磨きをかけよう

1 まずは1人でロールプレイング ---- 160
①鏡の前で、ヘタでもいいからやってみよう
②自分のすべてを常にチェック
③「売り込み」「商談」を演じることは自信を生む
④「アドリブ」を使えるようになるから、どんな場面でもあわてなくなれる

2 1人ロールプレイングの実際 ---- 169
①お客様を演じてみよう
②スタッフを演じてみよう
③こういうときに人は「買う」！
④こういうときに人は「買わない」！
⑤これが「入店前」から「購買」までのお客様の心の動きだ！
⑥あがらないで、リラックスして話ができる方法

おわりに

相手に好感度を与える声と言葉

「良い声」を出す。「良い発音」をする。場面に応じて声を使い分ける。「間と呼吸」を工夫する。「言葉の悪いクセ」を直す。そうすれば、あなたの声と言葉の好感度が売上をどんどん伸ばします。

あなたはせっかくのチャンスを逃していませんか

> **Point**
> ♣ダメダメ電話セールスは「イヤな感じ」オンパレードです。
> ♣人は「イヤな感じ」の人と付き合いたくありません。
> ♣「イヤな感じ」でセールスしてもお客様は必ず逃げます。
> ♣特に女性には嫌われたらおしまいです。
> ♣ダメダメ電話セールスの逆こそが「魅力的な人」なのです。
> ♣「魅力的な人」になるのが"好感度"の基本です。

❶ダメダメ電話セールス

♣質の悪い電話セールスが最悪の見本

　筆者は電話セールスが嫌いです。受話器を取ってそれが電話セールスだとわかると、嫌いを通り越してむしろ怒りさえ覚えます。というのも、質の悪い電話セールスには、"好感度"とはまるっきり正反対の感情を相手に起こさせる条件が、もののみごとにそろっているからです。

　もちろん、ごくたまにはまともなセールスもあるでしょう。でも、今までに受けたほとんどすべての電話セールスは例外なくダメでした。

　では、ダメな電話セールスの条件とはなんでしょうか。1つひとつあげてみましょう。

❷これが好感度の基本

♣こんな人とは付き合いたくない！

　これらをまとめると、こうなります。

【ダメダメ電話セールス8か条】

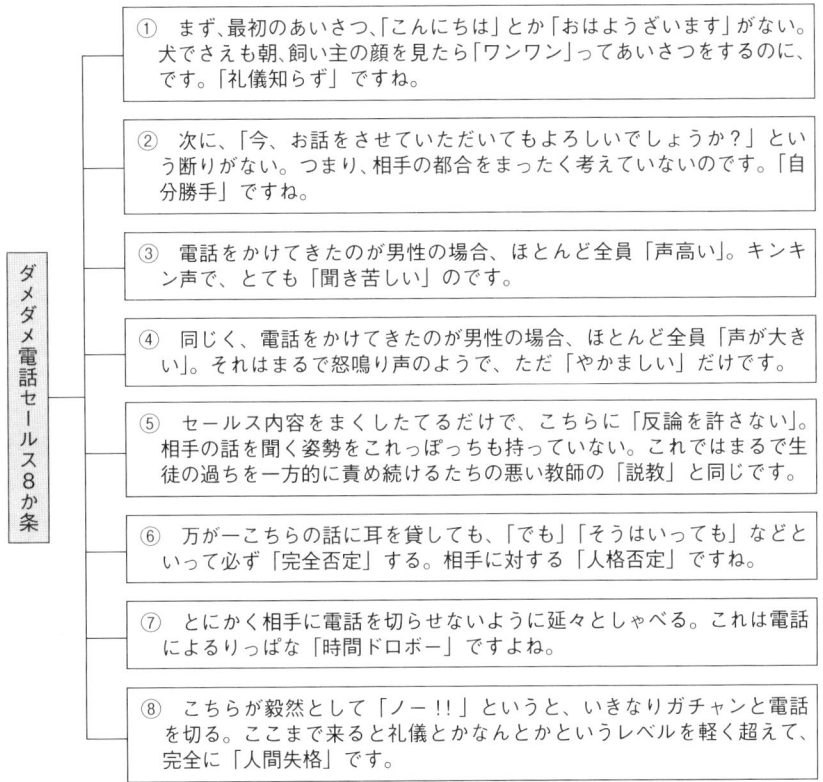

① まず、最初のあいさつ、「こんにちは」とか「おはようざいます」がない。犬でさえも朝、飼い主の顔を見たら「ワンワン」ってあいさつをするのに、です。「礼儀知らず」ですね。

② 次に、「今、お話をさせていただいてもよろしいでしょうか？」という断りがない。つまり、相手の都合をまったく考えていないのです。「自分勝手」ですね。

③ 電話をかけてきたのが男性の場合、ほとんど全員「声高い」。キンキン声で、とても「聞き苦しい」のです。

④ 同じく、電話をかけてきたのが男性の場合、ほとんど全員「声が大きい」。それはまるで怒鳴り声のようで、ただ「やかましい」だけです。

⑤ セールス内容をまくしたてるだけで、こちらに「反論を許さない」。相手の話を聞く姿勢をこれっぽっちも持っていない。これではまるで生徒の過ちを一方的に責め続けるたちの悪い教師の「説教」と同じです。

⑥ 万が一こちらの話に耳を貸しても、「でも」「そうはいっても」などといって必ず「完全否定」する。相手に対する「人格否定」ですね。

⑦ とにかく相手に電話を切らせないように延々としゃべる。これは電話によるりっぱな「時間ドロボー」ですよね。

⑧ こちらが毅然として「ノー‼」というと、いきなりガチャンと電話を切る。ここまで来ると礼儀とかなんとかというレベルを軽く超えて、完全に「人間失格」です。

　「礼儀知らず」で「自分勝手」で「聞き苦しく」「やかましい」大声を張り上げて「説教みたい」な話をくどくどと続け、こちらの「人格」を「否定」するばかりか、貴重な「時間」を「ドロボー」しても平然としている「人間失格」の男です。

　どうですか。こういう人とお付き合いしたいですか。筆者はイヤです。絶対に。ですから、この種のセールスからは何も買わないのです。

　最近では電話がかかってくると、筆者はまず高校生の息子の声で出るようにしています。で、セールス氏が「お父さんか、お母さん、いらっしゃいますか？」といったら、すかさず「ちょっと、今、いないんっすけどぉ・・・・」というセリフをかましてやるのです。すぐに相手は「そうですか。では、また改めます」といって電話を切ります。

　これは、筆者が考案した「電話セールス100％撃退法」です。参考までにいっておきますと、筆者に息子はいません。

♣あなたは大丈夫ですか

では、ここでうかがいます。あなたは、「ダメダメ電話セールス8か条」の中のどれかに、ほんの少しでも心当たりがありますか。

あそこまでひどくなくても、例えば「オレ、もしかしたら声が大きかったかも」とか、「そういえば聞き苦しい声でしゃべってたかなあ」とか、「売り込もうとするあまり、商品の話を一方的にしすぎてるか？」とか、「とにかく、こっちのペースに引き込むことしか考えていないときがよくあるよな」とか。

そういうとき、相手はすでにあなたから買う気持ちを失っています。ひょっとすると、あなたとはもう二度と会いたくないと思っているかもしれません。あなたが、絶対の自信をもってまことに優良な商品やサービスを提供しようとしているのに、です。

なんともったいないことではないでしょうか。

もっと相手の反応を敏感に察知して、相手を心地よくする努力をしなければいけません。せっかくのチャンスを逃さないために！

♣女性には一度嫌われたら運の尽き

特に相手が女性の場合、一度嫌われたらもう終わりです。女性は人の好き嫌いを生理的に判断して決める傾向にありますので、嫌った相手を再び好きになることはまずありません。

反対に、一度好きになったらよほどガッカリするようなことがないかぎり好印象はずっと続きます。

♣ダメダメ電話セールスの真逆「魅力的な人」をめざせ

要するに"好感度"というのは、このような電話セールス氏とは正反対の、「こういう人と付き合いたい！」「この人にまた会いたい！」とあなたが思われるようにすることなのです。

「礼儀正しく」て「相手のことに心を配り」「耳に気持ちよい声」で話しながら「相手の話にも熱心に聞き入り」、たとえ時間が費やされても「ちっとも押し付けがましくなく」「楽しくてあっという間に時が過ぎてしまった」と思ってもらえるような、魅力的な人。これが"好感度"の基本です。

あなたも、そういう「魅力的な人」になりましょう。

周囲に好感度抜群の「魅力的な人」はいませんか。いつ会ってもすごく気持ちよく話せ、また会いたいと思わせてくれる人です。心当たりの人がいたら、よく観察し、その人のまねをしてみましょう。模倣から入るのです。

あなたが商機を逃している5つの重大ミス

> **Point**
> ♣「良い声」を出さないと聞いてもらえません。
> ♣「良い発音」で話さないと何をいっているのかわかりません。
> ♣「声の使い分け」ができないと飽きられます。
> ♣「間（ま）と呼吸」を工夫しないといつも一本調子になります。
> ♣「言葉の悪いクセ」を直さないと印象は向上しません。

❶話し方5つの重大ミス

♣あなたが気付いていない「話し方5つの重大ミス」

　では、あなたがせっかくの商機をみすみす逃しているかもしれない話し方の基本的な重大ミスを5つあげましょう。
【話し方の基本的な重大ミス】

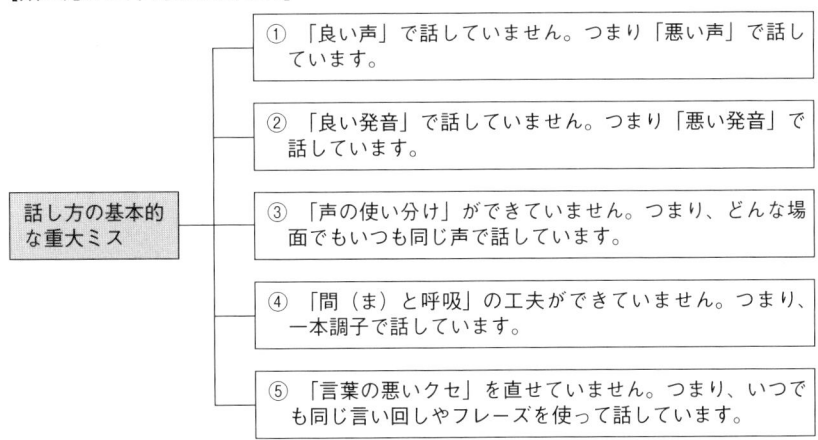

　これらのミスのどれか1つを犯しても、まず人は相手の話を聞きません。最悪の場合、一刻も早くその場を立ち去りたくなります。

ましてや、話の内容に「自分がお金を出すこと」が絡んでいるとしたら、なおさら逃げたくなります。

これらはどれをとっても、セールスや商談をするときには絶対に犯してはいけない話し方のミスなのです。

学校の先生にも、この「5大ミス」を平気でやらかしている人が多いのですが、生徒は逃げ場がありませんので、仕方なく授業中に騒ぐか居眠りを決め込むのです。

♣「良い声」とは気持ちの良い声

「良い声」というのは、いわゆる「美声」のことではありません。人それぞれ声の質が違いますから、誰もがプロの声優さんのような美しい声を出せるはずはありません。

「良い声」とは、聞いていて気持ちが良い声のことなのです。そして、これはちょっと訓練し、ちょっと気をつけるだけで誰にでも出せるようになるのです。

「良い声」で話すと聞いてもらえる確率が飛躍的に上がります。そうすれば商談が成立する可能性もグンとアップするので、「良い声」で話さない手はないのです。

♣「悪い声」とは気持ちの悪い声

逆に「悪い声」とは、聞いていて気持ちが悪い声のことです。ダメダメ電話セールスの声もこれにあたりますが、実は「悪い声」には他にもいろいろあります。これについては、23頁で詳述します。

❷発音と声の使い分けがポイント

♣「良い発音」はコミュニケーションの基盤

「良い発音」とは、正しい発音です。「悪い発音」つまり不明瞭な発音で話すと、「あなたは何をいっているんですか」ということになります。で、結局、話を聞いてもらえなくなるわけです。

こちらがいいたいことが相手に伝わってはじめてコミュニケーションが成立するのですから、発音を正しく行うことは人間関係づくりの第一前提とい

えるでしょう。

　仮に、あなたが売ろうとしている商品についての説明の中でお客様が聞き取れない言葉があって、その言葉こそが正にあなたが力説・強調したい言葉だったとしたら、どうでしょうか。売れるわけないですよね。

　ですから、「この人、何をいってるのかわからないわ！」と逃げられてしまうのは、発音が悪い場合が多いのです。

　では、「良い発音」をするにはどうすればいいのでしょうか。これも32頁で説明します。

♣「声の使い分け」ができると相手を飽きさせない

　時と場合に応じてさまざまな声を出すようにすると、話にメリハリがついて聞くほうはあなたの言葉に熱心に耳を傾けるようになります。

　料理にたとえてみましょう。

　庖丁で豆腐を切るときは、ほとんど力を入れず庖丁を豆腐の上から下にまっすぐ切り下ろします。注意するのは、豆腐をくずさないできれいに切ろうとする点です。

　大根を千切りにする際には、トントンと小刻みに庖丁を上下させてリズミカルに刻んでいきます。気を遣うのは大根が細かい均等の幅の断片となるように、ということです。

　声もこれと同じです。素材に応じて庖丁を使い分けるのと同様に、注意点が違う場面ごとに声の使い方を変化させる必要があるのです。

　例によって「難しいよ。できない、そんなの！」と思っているでしょう。

　ご安心ください。できます。誰にでも（48頁以降で参照）。

♣「間（ま）と呼吸」はスピードとテンポ

　一本調子というとき、初めから終わりまで同じ速度（スピード）同じ調子（テンポ）で、まったく変化がない話し方をそう呼びます。

　これは相手の反応に関係なく一方的にだらだらと話すものですから、聞いているほうは退屈この上なく、すぐに聞く気を失います。

　この一本調子を打破し、言葉をスピードとテンポの両面で縦横無尽に操ることができれば、聞き手は話にグイグイと引き込まれて来ます（詳しくは56頁以降で）。

　この人は話が上手だなあと感じるとき、多くはスピードとテンポが絶妙で、しかも聞き手の反応に即してそれらをうまく調節しているものです。

♣あなたがまず気付いていない「言葉の悪いクセ」

　どんな人にも、いつもつい使ってしまう言葉がいくつかあるものです。それが相手に好印象を与えるものならいいのですが、逆の場合、命取りになります。

　そして、だいたいの人はそういった自分の「言葉のクセ」を全く自覚していません（その発見法と克服法について、後で解説します）。

♣語彙（ごい）を増やす努力を

　語彙とは、その人がいつでも使えるように頭の中にたくわえている言葉の群れのことです。

　子どもは非常に少ない語彙しか持っていませんが、成長するにつれて語彙の量を増やしていきます。そして、語彙の量が増えていくと１つのことを何通りにでも表現することができるようになっていきます。

　ですから、「言葉の悪いクセ」として同じ言葉を頻繁に使ってしまう人というのは、えてして語彙の量が少ないことが多いのです。

　例えば、子どもは空から降ってくる水の粒のことをとにかく全部「雨」としかいえませんが、大人なら春先の雨は「春雨（はるさめ）」、５月の雨は「五月雨（さみだれ）」、真夏の夕方の急な雨は「夕立（ゆうだち）」というふうに、雨の特徴に応じた様々な名前でそれぞれを呼ぶことができます。「雨」についての語彙をたくさん持っているからです。

　そこで、自分はいつも同じ言葉しか使っていないかもと感じたら、ぜひ語彙を増やす努力をしてください。

　日本語は、世界的にみても例がないくらいに、同じ意味を表す全く異なる言葉が豊富です。

　自分を指す一人称の代名詞だけでも、わたし、わたくし、あたし、あたくし、わし、ぼく、おれ、とこんなにあります。方言をこれに加えたら大変な数になります。

　「怒る」と同じ意味を表す言葉にも、立腹する、頭に来る、腹が立つ、不愉快だ、怒りを覚える、怒り心頭（しんとう）に達する、怒髪（どはつ）天を突く、激昂（げきこう）する、激怒（げきど）する、など実にたくさんあります。

　では、どうやったら語彙を増やせるかですが、新聞、本、インターネット、なんでもよいですから何か新しい情報をもたらしてくれるものに常に触れ、少しでも理解できない言葉に出会ったら、その意味を調べて記録し、次の機会に今度は使ってみるのです。語彙力は飛躍的に向上します。

キレのよい声と言葉の威力がものをいいます

> **Point**
> ♣ 「キレのよい声」は「聞かせる声」です。
> ♣ 「信念」が声を良くします。
> ♣ 「最適の言葉」が力を発揮します。
> ♣ 「自信と誠意」が「言霊（ことだま）」を生みます。
> ♣ 「自信と誠意」が40万円の浄水器を売った！

❶キレのよい声は聞かせる声

♣信念は声に「キレ」を与える

声の技術についてお話する前に、ちょっと精神的なお話をしましょう。

人間は確固たる信念にもとづいて話すとき、声にキレが出ます。そして、そういう声は「聞かせる声」になります。

元首相の小泉純一郎さんが、何がなんでも実現したかった郵政民営化について話すときが正にそうでした。小泉さんが話し方の勉強をされたかどうかは知りません。しかし、国会などで持論を展開するときの彼の声は、見事なまでに聞き手を引き込むものでした。

信念というものは、聞かせる声をつくるのです。

あなたは、信念を持ってお客様と向き合っていますか。言い換えれば、あなたは信念を持って仕事をしていますか。

信念を持つ。これは、あなたの声を良くする第１番目の必須条件です。

♣いつも「最適の言葉」を使おう

山の手の高級住宅地で新聞購読の勧誘をするとき、学歴もプライドも高い奥様相手に、とてもなれなれしい言葉でベタベタとしゃべったらどうなるでしょうか。一発で「失礼な！　フン！　さっさとお帰りになって！」ですよね。

逆に、下町のおかみさんたちに対して四角四面のかしこまった「〜でござ

います」調の言葉で接したらどうでしょうか。「あたしゃ、こんなめんどくさい人は苦手だよ。もう、わかったから帰ってくださいな」となってしまいます。

言葉というものは、相手によって確実に使い分けなければなりません。

でなければ、言葉は死にます。

また、ここぞという場面で、いわゆる「決め言葉」「殺し文句」を放つと効果絶大ですが、その際もよりいっそう適した言葉を選んで使うとさらに効果はアップします。

例えば、化粧品のセールスマンが、女性にデモンストレーションでメークした後のセリフです。「実にお美しい！」という月並みなほめ言葉はやめましょう。

お客様が未婚の女性なら「これは、未来のご主人なんかご自分で捜さなくても、男性のほうからどんどんやって来ますよ！」。

年配の女性なら「いやあ、十歳、いや、十五歳は若返られました！　ヘタすると独身ですかっていわれちゃうんじゃないですか」。

といった具合です。メーク後の女性は、自分はグーンときれいになったと確信していますから、陳腐な賛辞ではダメなのです。「殺し文句」がスパッと決まれば、高い化粧品も売れるのです。

♣言葉には「言霊（ことだま）」が宿っている

平安時代、宮中の女官たちは高貴な姫のお召し替え（お着替え）をお手伝いするとき、姫を立たせ、自分たちは膝間づいて行ったといわれています。姫よりもぐっと姿勢を低くして、常に顔が姫の胸あたりに位置するようにしたのですが、これは、姫の鼻や口に自分たちが吐く下賤な息や言葉が入らないようにするためでした。

武士の時代になってからも、殿と会話をするとき、家来はいつも床に手をついて床に向かって話しました。これも平安の女官たちと同じ理由からだと思います。

言葉には魂が宿っており、それが卑しい場合、高貴な人間を汚す毒となりうる、と昔の人は考えていたのでしょう。

筆者も、言葉には魂が宿っているような気がします。「言霊（ことだま）」です。

❷あなたの自信と誠意がポイント

♣「自信と誠意」がすばらしい「言霊」となる

　あなたにも、忘れられない言葉、自分を変えたあの一言、といったような言葉があるでしょう。父の言葉ですか。入社当時の上司の一言ですか。
　いずれにせよ、人の心に一生残り続けたり、人をぐいっと動かしたりする言葉は、1人の人間が「自信と誠意」を込めて発した言葉です。そういう言葉には、すばらしい魂が宿っていると思います。
　言葉が人を感動させるとき、それは言霊が感動させているのかもしれません。
　自信と誠意を持ってお客様に接すれば、あなたの言葉の言霊はお客様の心に届き、感動に導きます。逆に言えば、自信も誠意もないままにいくら営業技術ばかりを磨いても、しょせんそれは小手先だけのこと、成績向上には結びついて行かないのです。

♣「自信と誠意」はマニュアルの対極

　実例を紹介しましょう。
　30代のご夫婦がいました。2人とも健康に気を遣う人で、40万円の浄水器を愛用していました。ところが、まだそんなに古くないのに、最近その器械の調子が悪く、ときどき水漏れを起こすようになりました。
　ご主人は、高価な器械なので製造元にいって修理を頼もうと思っていました。しかし、奥さんはもっと優れた別の会社の器械に買い替えようと考えていました。そこで、セールスマンに来てもらってご主人に売り込んでもらうことにしました。
　その会社の器械もやはり40万円と高額だったので、ご主人は全く乗り気ではなく、奥さんの顔を立てて「ただ話を聞くだけだよ」といいました。
　やって来たセールスマンは、まず、自社製品が取り上げられた週刊誌や新聞のコピーを取り出して、この器械がいかに優れているか説明し始めました。
　次に水道水の健康への害について、さまざまな科学的資料を示して講義しました。
　そして、この器械を使って大喜びしているユーザーの声を次から次へと読み上げました。
　さらに、ご夫婦が今使っている浄水器の欠点を1つひとつあげて批判しました。

ここまでで約1時間です。
　セールスマンは、満を持してご主人に聞きました。
「いかがですか。お買い求めくださいませんか」
　すると、厳しい表情でご主人はいいました。
「マニュアルどおりですね。そのようなことは、全部わかっています」。
　健康に気を遣う人ですから、水についての並々ならぬ知識をご主人はすでに身に付けていたのです。
　セールスマンは100点満点の売込みをしたつもりだったのでしょうが、それが営業マニュアルどおりのものだったので、ご主人には全く届かなかったのです。

♣自分ならではの「自信と誠意」が売上を上げる

　すると、今度はご主人が聞きました。
「あなたは、その器械を使っていらっしゃるのですか」。
　もう今日は退散するしかないなと諦めかけていたセールスマンは、びっくりしました。これは彼にとって予想外の展開でした。
　しかし、彼は気を取り直して元気に答えました。
「はい！　もちろんです！」。
　そして、彼は自分がこの器械に魅せられて今の会社に入ったこと、自宅ではキッチンばかりか浴室にもこれを取り付けて、シャワーと風呂でも浄水を使っていること、そうしてから幼い娘のアトピー皮膚炎が完治したこと、奥さんも自分も肌がすべすべになったこと、とにかく料理やご飯やウイスキーの水割りが格段に美味しくなったことなどを、むろん何も資料を見ることなく、うれしそうに、それはそれは熱心に語りました。
　その結果、どうなったと思いますか？
　ご主人は、その場で器械を買いました。
　ご主人は、「彼の言葉」を聞きたかったのです。マニュアルではなく、「彼の言葉」を、です。
　本当の自信と誠意とは、そういうものでなければなりません。
　マニュアルどおりに営業をこなすだけではなく、自分自身の経験から勝ち得た自分ならではの自信を、誠意を持って伝えるとき、おおげさに聞こえるかもしれませんが、人は感動するのです。
　大なり小なり、人は感動したときにモノやサービスにお金を払うのです。
　そして、本当の「自信と誠意」は人を感動させることができるのです。

「良い声」ってどういう声のこと

> **Point**
> ♣「良い声」とは、あなたが出しやすい声です。
> ♣「声」には「高い声」「普通の声」「低い声」（三声：さんせい）があります。
> ♣「声」はムリして出してはいけません。
> ♣「良い声」をつくるカンタンな訓練法を教えます。
> ♣「良い声」の見本：大沢悠里さんのけっして力まない声です

❶あなたが出しやすい声がいい声

♣「良い声」は「いちばん出しやすい声」

では、いよいよ声の出し方についてお話していきましょう。

まず、相手の耳に心地よい声とはどういう声か、ということですが、何も難しく考えることは少しもありません。

「良い声」とは、ズバリ、あなたが「いちばん出しやすい声」のことです。

重ねていいますが、「良い声」というのは美声のことではありません。声の質とは全く関係なく、その人が最も出しやすいと感じながら出している声が聞き手にとって最も聞きやすい声なのです。

ところが、実際はどうでしょう。人間は、朝起きてから夜寝るまでの間、声を出しながら生活しますが、その十数時間のうちで本当に出しやすい声を出しているのは、家にいるほんの数時間だけだと思います。

♣声を使う仕事をしている人ほど「悪い声」を出している

一般の人が外で仕事をしている間に出している声は、ほとんどが「いちばん出しやすい声」ではないと筆者は思っています。それも、声をたくさん使う仕事をしている人ほど悪い声を出しています。

筆者は、永らく学校の教師をしていましたが、教師というのも声をたくさん使う職業です。ところが、出会って来た大勢の先生たちの中で「いちばん

出しやすい声」で授業をしている人は、まずいませんでした。

♣「悪い声」の代表は教師の大声

いちばん多いのは、やたらと大きな声の先生ですね。とにかく大声で授業をしないと生徒が聞かないと思っているのです。しかし、教師の世界には「教師の大声は、生徒の私語を誘発する」という言葉があります。大声でガーガーやられてもちっとも聞く気が起こらないばかりか、しまいにはウンザリして生徒はおしゃべりを始めてしまう、というのです。

それがわかっているのに、やはり大声で授業をする先生が多いのは、大学の教員養成課程に「声の出し方」というような科目がないからだ、と思います。正しい発声法を大学の授業に取り入れるべきですね。

♣営業マンの力んだ声も「悪い声」

声をたくさん使う仕事といえば、営業マンもその１つですが、筆者は「いちばん出しやすい声」で営業トークをしている営業マンにほとんど会ったことがありません。

顔にも声にも汗をかいているのです。いつも全力疾走なのです。これ以上は出ないというところまで音域を上げて、必死にしゃべるのです。聞いてこちらまで疲れきってしまいます。

電話セールスもそうです。ノドを力ませて嵐のようにまくしたてる声が「いちばん出しやすい声」であるはずがありません。ですからダメなのです。

♣一生懸命なときほど「いちばん出しやすい声」で

仕事に没頭して成果を上げようとするあまり、思わず声にも力が入って「ムリな声」を出してしまうのでしょう。しかし、そういう声はとても聞きづらく、耳に障ります。

最初のうちはちょっと難しいかもしれませんが、仕事に打ち込むときほど「いちばん出しやすい声」を出すように心がけてください。好感度が飛躍的に上がり、仕事の結果もそれに正比例していくはずです。

声の質には全く関係ありません。あなたが最も楽に出せる声を出せばいいのです。

そうなると、そういう「いちばん出しやすい声」をいつでも出せるようにする方法を知りたいでしょう。

それについては、28・29頁で詳しく説明します。

❷「声」には「3つの声」がある

♣「高い声」「普通の声」「低い声」を「三声(さんせい)」と呼ぶ

　どんな人でも自分の声の音域の中に「高い声」「普通の声」「低い声」を持っています。もともと高音の人でも低音の人でも、です。

　電話がかかってきて相手がご主人の上司だとわかると、突然奥さんの声が高くなるでしょう。そのとき、奥さんは彼女の音域の中の「高い声」でしゃべっているのです。

　一方、あなたが夜帰りが遅くなった言い訳を奥さんにするときはどうですか。「低い声」でボソリと「部長に誘われたんだよ」といいませんか。

　何も気を遣わずに普通の会話をしているときは、だいたいが高くも低くもない「普通の声」を出していますが、実はその中にも「高い声」と「低い声」をじょうずに織り交ぜて話しているのです。

　このように、人は日常生活の中で「高い声」「普通の声」「低い声」を使い分けているのです。でも、それは無意識のうちのことなので、自分では全く気付いていないのです。

　筆者は、この「高い声」「普通の声」「低い声」を「三声(さんせい)」と呼んでいます。

♣プロは「三声」を使い分けている

　プロの俳優が声を変えて役の人物を演じ分けるとき、彼らはこの「三声」を使い分けます。つまり、「高い声」だけを出したり、「低い声」だけで演じたりするわけです。

　テレビの司会でおなじみのあるフリーアナ氏は、CMなどのナレーションを「高い声」でやって売れましたが、地声はずっと低い声です。

　また、あるベテラン俳優氏は、今は亡きハリウッドスター氏の声を担当するときは「低い声」だけで演じ、アニメのひょうきんなキャラクターの声をやるときには「高い声」を使っていました。

　このような「三声」の使い分けを営業トークに応用すると、効果抜群です。

　場面によって「高い声」でいったほうがいいとき、「低い声」でいうとお客様の心をぐっと引きつけるとき、というものがあるのです。

　そのテクニックについて48頁で詳しく解説します。

❸ムリして出す声は最悪

♣急な大声がいちばんいけない

　何事もムリはいけません。声に限っていえば、絶対にムリをしてはいけません。

　筆者は声楽を勉強しましたが、先生にいつもいわれたのは「歌う前には必ず発声練習をしなさい」ということでした。たとえ稽古でも、短い歌曲でも、歌というものを歌うときは、発声練習をしてからでないと絶対に歌ってはいけません、と。

　なぜかわかりますか。もちろんノドに悪いからです。

　体をほぐすことなく、ジョギングをしたらどうなりますか。脚がつるでしょう。水泳にしても、事前に水を浴びて体を水に慣れさせてからプールに入るでしょう。

　実は「声」も全く同じなのです。声を出す器官はノドに付いている声帯ですが、声帯は筋肉と軟骨でできていて、いきなり働かせると硬直してしまうのです。声帯が硬直するとどうなると思いますか。最悪の場合、即刻、声が出なくなります。

　例えば、歌曲のコンサートの最中に歌手の声が出なくなってしまったらどうでしょう。お客さんは「カネ返せ！」ですよね。ですから、事前の発声練習は不可欠なのです。

　ところが、一般の人はこのことを全く知りません。ジョギングの前には決まってウォーミングアップをするのに、「声」に関しては何の練習もなしにいきなり声帯を使おうとするのです。

　よく朝からみんなで大声を出して気合を入れる会社があるようですが、起きてからろくに声を出していないのに、急に大きな声をムリに出すのは、むしろノドのためには絶対にしてはいけないことです。

♣ムリな声は聞いていて不愉快

　とにかく、ムリをして出す声は聞き手に不快な印象を強く与えます。いつも気持ちよく出す声を使いたいものです。

　日本の古くからの芸能に、浪曲（ろうきょく）または浪花節（なにわぶし）というのがありますが、浪曲師たちの発声は、実は「ムリをして出す声」の

典型です。声帯に思いっきり力を入れて、わざとダミ声をつくるのです。しかし、特殊な訓練のおかげで、普通なら疲労を極めて機能しなくなってしまうはずの声帯が逆に鍛えられて、独特の重低音を出せるようになっていきます。

発声法としてはムリなのに美しく聞こえるという点で、浪曲は世界にも類例をみない、特殊な歌の芸能だと思います。

でも、普通の人はムリをして声を出すと、相手から嫌われるばかりか声帯を傷めて声が出なくなってしまいますから、ふだんから声の出し方には十分注意するべきです。

♣ムリな発声は声帯ポリープのもと

よくタレントが、声帯にポリープができたから手術するという報道を聞きます。声帯ポリープというのは、ムリな発声を続けるとできるのです。ですから、これは彼らが正しい発声法を行っていないということを表しています。

しかし、オペラ歌手や著名な舞台俳優が声帯ポリープの除去手術を受けたという話は、あまり聞いたことがありません。あれほどの朗々たる声をワンステージで何時間も出し続けるのにもかかわらず、です。

なぜでしょうか。

そうです。発声法が正しいからです。発声法が正しければ、ノドにムリな負担をかけることはないのです。

♣ムリのない発声はノドを傷めない

もう十年近く前のことです。松本幸四郎さんのミュージカル『ラマンチャの男』を観に行きました。松たか子さんも出演されていて、とてもすばらしい舞台でした。

筆者は、中学生時代にピーター・オトゥール主演による同名の映画を観て以来、この作品が好きで、高校生のときには自分がサークルで演じたほどなのです。

この日の公演も実に感動的でとても満足したのですが、まことの感動はカーテンコールから生まれました。3時間にわたって歌って踊ってセリフをしゃべった後なのに、です。

ひとり出て来た幸四郎さんは、名曲『見果てぬ夢』を見事な声で歌ったのです。これには驚きました。

ムリのない発声は、確かな声、強いノドをつくるのです。

❹カンタンな訓練で「良い声」がつくれる

♣「良い声」をつくる発声訓練

　さあ、ではいよいよ発声訓練を実践してみましょう。この方法は腹式呼吸を応用して開発したもので、誰にでもカンタンにできます。

　これを毎朝、声を使い始める前に5分間行うと、ノドのウォーミングアップとなり、日々続けることで耳に気持ちよい声がつくれていきます。

【ノドのウォーミングアップ】

	ウォーミングアップの順序
①	まず、まっすぐに立って、アゴを自然に引く。
②	肩幅に脚を開く。
③	おなかの上で両手を組む。
④	口を自然に開けて、「ア」の口をつくる。
⑤	そのまま、ムリのない声(自分がいちばん出しやすい高さ、強さの声)を出す。
⑥	「ア、ア、ア、ア、ア」と5回。
⑦	このとき、「ア」と1回声を出すごとに、組んだ両手で押さえられたおなかを、腹筋を使って前にふくらませる。
⑧	さらに半音上げて「ア、ア、ア、ア、ア。」と5回。
⑨	また半音上げて「ア、ア、ア、ア、ア。」と5回。というやり方で自分が出せる最高音まで行く。ムリにより高い音を出そうとしてはダメ。
⑩	そうしたら、こんどは半音下げて「ア、ア、ア、ア、ア。」と5回。
⑪	また半音下げて「ア、ア、ア、ア、ア。」と5回。というやり方で自分が出せる最低音まで行く。ムリにより低い音を出そうとしてはダメ。
⑫	再び半音上げて「ア、ア、ア、ア、ア。」と5回。
⑬	また半音上げて「ア、ア、ア、ア、ア。」と5回。というやり方で初めに出発した音までもどってきたら終了。

　カンタンでしょう。

　もし「半音上げる」「半音下げる」ということがわからなかったら、「少し上げる」「少し下げる」でもけっこうです。

　要するに、「普通の声」から始めて、「高い声」まで行き、その後「普通の声」にもどってこれを通過し、「低い声」まで下がって、また「普通の声」に返る、ということができればいいのです。

　「ア」だけではなく、「イ」「ウ」「エ」「オ」でもやってみてください。声

帯に変化が与えられて効果的です。

♣訓練でもムリはいけない

発声訓練を行ううえでの注意点です。けっしてムリをしてはダメです。

【発声訓練での５つのムリ】

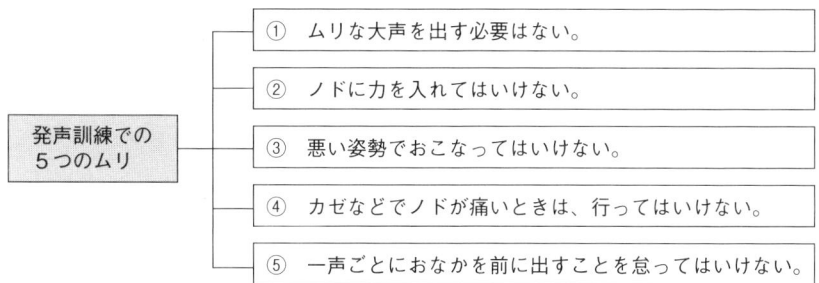

発声訓練での５つのムリ
① ムリな大声を出す必要はない。
② ノドに力を入れてはいけない。
③ 悪い姿勢でおこなってはいけない。
④ カゼなどでノドが痛いときは、行ってはいけない。
⑤ 一声ごとにおなかを前に出すことを怠ってはいけない。

♣腹筋と肺と声帯の連携が大切

もうおわかりですね。この訓練法は、一言でいえば「腹筋の力で肺の中の空気をまんべんなく声帯に送り込む訓練」なのです。

私たちはふだん、肺の中の空気をすべて声帯に送り込んで声を出してなんかいません。ですから、声の密度が薄いのです。この際、肺活量は問題ではありません。肺に貯えられた空気が残らず声帯を通っているかどうか、ということが大切なのです。

肺の空気が余すことなく声帯を通過すると、とても「良い声」ができるのです。

『寅さん』で国民的人気俳優となった故渥美清さんは、病気で肺を１つ失ったからだでした。でも、映画の主題歌をじょうずに歌っていましたし、セリフもキビキビと歯切れがよかったでしょう。

肺は１つしかなかったけれど、その１つだけの肺に貯えられた空気を常に残らず声帯に送り込む技術を、渥美さんは完璧にマスターしていたのだと思います。

そこへもってくると、私たちはちゃんとした肺をふたつも持っているのですから、良い声をつくれないはずはないのです。

ノドのウォーミングアップを続けていけば、それが可能になります。

♣声楽の発声訓練も効果的

これに加えて声楽の発声訓練を行っても、声帯と腹筋と肺の鍛錬という点

で効果が上がると思います。

「ア」「イ」などの音で「ド、ミ、ソ、ミ、ド」といった音階を歌っていくのですが、声楽の発声は「話す」発声とは違いますので、声楽の訓練だけでは片手落ちです。

❺まねるは学ぶ：大沢悠里さんの「けっして力まないDJ術」

♣お名前のとおり悠然としている大沢悠里さんの話し方

TBSラジオの看板番組『大沢悠里のゆうゆうワイド』（月曜〜金曜／午前8時30分〜午後1時）でパーソナリティを長く務めているアナウンサーの大沢悠里さんの話し方は、実にすばらしいと思います。

けっしてノドに力を入れず、ひとことひとことを正確に、しかもゆったりとしたテンポで話す技術は、私たちにとって見事なお手本です。

大沢さんの声は「鋭さ」とは対極の「柔らかさ」に満ちており、肺の中の空気をまんべんなく声帯に送り込むことが立派にできていて、言葉が確実に伝わって来ます。

♣落ち着いて、ゆっくり、しっかり話す

大沢さんは番組内のコーナーを紹介するとき、1つひとつの音を拾い上げるように、ゆっくりと、しかもはっきりといっています。これは基本中の基本です。

例えば、『小沢昭一の小沢昭一的こころ』という面白いコーナーがありますが、普通のアナウンサーがこのコーナーを紹介すると、たいていはこうなります。

「次は、おざわしょういちのおざわしょういちてきこころ、です」。

ところが、大沢さんはこう行きます。

「さ。おざわ、しょう、いち、の、おざわ、しょう、いち、てき、こころ、です」。

テレビでナレーションをするときも全く同じで、日本語の1つひとつを的確に伝えていて、とても安心して聴くことができます。

♣自分の声の欠点をうまく隠す工夫

大変失礼ですが、大沢さんの声はソフトで、メリハリという点では少々物

足りないかもしれません。そこで、それをカバーするために、このように一言一句を確かめるように発音しているのではないか、と思います。

　プロのアナウンサーにして、この創意工夫です。自分の声の質を知り、その長所を活かしながら短所は上手に隠しているわけです。

　このプロの技をおおいに見倣いましょう。

♣顔を出すならテレビには出ない

　大沢さんは、声の出演以外はテレビに出ないという方針を貫いているそうです。その理由についてご自身が話されるのを聞いたことはありませんが、やはり言葉というものを大切にしたいと思っていらっしゃるからではないか、と思います。

　最近のテレビは、出演者の発言を同時に字幕でも見せますが、あれは日本人の言葉を聴く力が劣ってきたのでそれを補うためだ、という記事を何かで読みました。

　聴く力が劣ってくると、そういう人はたぶんラジオを聴かないでしょう。逆にいうと、聴く力を持っている人しかラジオを聴かないのではないでしょうか。聴く力とは、音やことばだけを聴いてさまざまな場面や物事を思い描く想像力だともいえます。

　大沢さんは、そういう人たちを相手に仕事をしたいと考えているから、テレビには出ないのでしょう。

　そして、聴く人に想像力の翼を自由に広げてもらうためには、送り手のことばがしっかりとしていなければなりません。そこで、あのような盤石なDJ術ができ上がっていったのでしょう。

♣一流の芸人に触れた幼少年時代

　台東区で生まれ育った大沢さんは、幼い頃から寄席に通ってたくさんの芸人さんたちの芸に触れたそうです。

　ですから、大沢さんは語りが抜群に上手なうえに、DJ中にパートナーと交わす会話も非常に軽妙で面白いのです。

　話が上手な人たちの多くは、趣味で落語を演じたりしますが、故古今亭志人生さんや故三遊亭円生さんといった名人の録音を手本にしているようです。

　一流の芸人、それも噺家（はなしか）や漫才師、漫談家といった人たちの話芸は大変にすばらしいものです。特に、間（ま）と呼吸のとり方は大いに勉強になります。お時間がおありのとき、ぜひ寄席に行って本物の芸人さんたちの話術に学んでください。

「良い発音」ってなに

> **Point**
> ♣ 「良い発音」は、確かな発音です。
> ♣ 「情報」が伝わってこそ初めて言葉です。そのためには「標準語」が強いのです。
> ♣ 「良い発音」は、声をソフトにします。
> ♣ 「ガギグゲゴ」を美しくいいましょう。鼻濁音（びだくおん）を習得します。
> ♣ 「良い発音」の見本は、桂歌丸さんの美しい日本語

❶情報を正しく伝えられることが先決

♣「良い発音」は「明確な発音」

「良い発音」というとき、それは例外なく確かな発音のことです。

「ア」は確かに「ア」と、「イ」は間違いなく「イ」と聞こえるように発音することです。

では、「確かな発音」をするためにはどうすればよいか、ですが、これは口をハッキリ開け閉めするしかありません。

♣基本的な発音訓練

俳優やアナウンサーがよくやる発音訓練に、次のようなものがあります。

アエイウエオアオ、カケキクケコカコ、サセシスセソサソ、タテチツテトタト、
ナネニヌネノナノ、ハヘヒフヘホハホ、マメミムメモマモ、ヤエイユエヨヤヨ、
ラレリルレロラロ、ワエイウエヲワヲ、ン

これをゆっくりと、一音一音確実に発音していきます。その際、その音が前後の音にけっして引きずられないように、また、音と音の間に「ン」が入って、例えば「タンテンチンツンテントンタントン」といった具合にならないように注意します。

44頁で詳しくお話しますが、「確かな発音」ができるようになると、大きな声を出さなくてもよく聞こえるようになるのです。

自分で行った発音訓練を録音して聞いたり、人に聞いてもらったりして、不明瞭な発音を見つけ、はっきりいうように心がけましょう。

♣「言葉」は「情報伝達」の手段

言葉というものはコミュニケーションの道具です。今自分が飲みたいものが水なのかお茶なのか、それを伝えるのが言葉の役目です。

でも、言葉の発音がはっきりしないと、こちらの意図が正しく相手に伝わりません。いい例が外国語です。筆者は今でも大して英語がうまくはありませんが、全く話せなかったころ、外国に行く飛行機の中でスチュワーデスに四苦八苦して英語で「コーヒー」を注文して、「コーラ」が出て来たときは愕然としたものです。

個人的なお遊びの旅でのことなら笑い話ですみますが、真剣なセールスや商談のときに、商品やサービスについての情報がお客様に間違って伝わってしまったら運の尽きです。

正しい発音は仕事の明暗を分けるといっても過言ではないのです。

♣「標準語」をマスターしておくと強い

あなたが言葉に出身地などの独特のアクセントをお持ちで、それがもとで会話のうえで相手に誤解を与えてしまいそうだとしたら、標準語を勉強されることをおすすめします。

「箸（はし）」と「橋」、「牡蠣（かき）」と「柿」、「高校」と「孝行」、「先頭」と「銭湯」など、同じ読みをするけれどアクセントが違う言葉をいい分けられない場合、えてして誤解を生みます。

57～59頁でお話しますが、そのアクセントが個性となって好感度アップの武器となりうるのなら大いに活用すべきですが、デメリットとなるところがあるならば、その部分は取り除いておいたほうが賢明でしょう。

教科書としては『NHK編・日本語発音アクセント辞典』がよいですね。

ところで、実は東京で生まれ育った人が意外に標準語を話せていない場合が多いのです。親や近隣の住人が地方出身者だと、標準語ではない言語環境の中で育つからです。

何を隠そう、筆者もそうでした。父は関西人でしたので、今でも気がつくと上方（かみがた）なまりのアクセントでしゃべっています。ですから、勉

強して仕事のときは標準語を貫くように努力したのです。

❷「良い発音」は「やわらかい声」を生む

♣「やわらかい声」の基本は「あくび」

「良い発音」つまり「確かな発音」ができるようになると、声を前へ前へと押し出さなくても聞こえるようになりますから、自然と「やわらかい声」が出せるようになってきます。やわらかい声は耳に心地よく、相手に安心感と好感度を与えますので、ぜひ出せるようになってください。

え？　また聞こえて来ましたね。「できないよ、そんなの。どうやったら出せるっていうの？　やわらかい声なんて！」という戸惑いのお言葉が。

大丈夫です。あなた、たいくつなときや眠いときに、あくびするでしょう。あれなんですよ、「やわらかい声」の極意は。

あくびの声が、人間が最もリラックスしたときの声なのです。ですから、あのあくびに近い声を出せばいいわけです。

♣「あくび」のマネをしてみよう

今はまだ眠くないかもしれませんが、あくびのマネをしてみましょう。大きくからだを伸ばして両腕に力を入れ、口を開けて声を出しながら「ア〜」と。

どうですか。あくびをするときの声って、ほとんど声帯を振動させていないでしょう。声の半分は空気ですよね？　この状態こそが声帯が全く緊張していない、理想の形なのです。

このあくびの声をごくごく軽く出しながら、「明確な発音」で話してみましょう。ものすごくソフトな声、しかもよく聞こえる声ができ上がります。

♣ 声を出さずにしゃべってみよう

　また、「明確な発音」をしながら、声帯を振るわせることなく空気だけでしゃべってみてください。そう。ヒソヒソ話しの要領です。周りが静かならば、あなたの言葉は相手の耳に確実に届くはずです。

　そして、このときあなたの口から出る空気の量が多ければ多いほど、声なき言葉はよりはっきりと相手に聞こえます。肺の中の空気をまんべんなく外に出すのです。

♣「声なき言葉」に「声」を加える

　で、今度は肺の中の空気をまんべんなく口から出して「声なき言葉」を発しながら、そこに少しずつ「声」を加えていってみてください。

　だんだんと、よりいっそうソフトな声が生まれて来るはずです。この練習を繰り返すと、耳に優しい「やわらかい声」が苦労なく出せるようになっていきます。

　ただし、くれぐれも重要なのは確かな発音をしなければダメだ、ということです。それと、なんべんもいいますが「肺の中の空気をまんべんなく出す」ことです。

♣ 苦手な音はゆっくりと出す

　いくら確かな発音を心がけて練習しても、人によってはどうしてもいいにくい音というものがあります。「苦手な音」です。

　ハッキリいって、この「苦手な音」というものは克服できません。口の中の形、舌の長さ、鼻の奥の状況、歯並びなど、先天的な身体構造が原因となっているからです。

　「さしすせそ」「なにぬねの」「らりるれろ」などが往々にして苦手とされることが多い音です。

　プロの役者さんでさえも「苦手な音」を持っていて、いろいろと苦労しているようですが、彼らが仕事で図らずも「苦手な音」に出会ってしまったときに行う基本的な方法は、「ゆっくりと話す」です。

　難しい早口言葉もゆっくりいえばいえるでしょう。あれと同じです。

　まず自分の「苦手な音」を発見し、それが行く手に立ちはだかったときは「ゆっくりと話す」ように心がけましょう。

　余談ですが、役者さんには「らりるれろ」を苦手とする人が多いようです。かつて青春ドラマに多く出演した、ある有名なベテラン俳優さんは、野外

ロケで「だから、忘れられなくなるんじゃないか」というセリフの「れられ」のところがなんとしてもいえなくて、やっといえたと思ったら3時間たっていた、と、もとのスタッフから聞きました。

また、別のずいぶんと年配の俳優さんはアメリカの刑事ドラマの声をやっていたとき、「敵はコロラドだぞ」がどうやってもいえず、ほかの出演者たちを数時間待たせてしまったそうです。役者さんも大変ですね。

❸聞き苦しい「ガギグゲゴ」はダメ

♣鼻濁音（びだくおん）がいえればグレードアップ

鼻濁音というのは、「ガギグゲゴ」という濁音が言葉の中で使われるときに、これらを鼻から空気を抜きながら発音する方法です。これができると、あなたの言葉はすばらしくなめらかに聞こえるようになります。

鼻から空気を抜きながら「ガギグゲゴ」と発音すると、「ンガ」「ンギ」「ング」「ンゲ」「ンゴ」となりますね。実際やってみてください。

なかなかできない人は、まず「ン」を「ン〜〜〜〜」と長くいってから「ガ」といってみてください。

「ン〜〜〜〜〜〜〜〜〜〜ガ」
「ン〜〜〜〜〜〜〜〜〜〜ギ」
「ン〜〜〜〜〜〜〜〜〜〜グ」

という具合に。

そして、「ン〜〜〜〜〜〜〜」の長さをだんだん縮めていって、最終的には「ンガ」「ンギ」「ング」「ンゲ」「ンゴ」といえるようにしてください。

♣言葉の初めの「ガギグゲゴ」は普通の濁音でよい

言葉の初めに「ガギグゲゴ」が出て来るときは鼻濁音にする必要はありませんから、次のような場合は普通の「ガギグゲゴ」、つまり濁音のままで発音します。

```
「外国人（ガ・いこくじん）」
「疑心暗鬼（ギ・しんあんき）」
「群馬県（グ・んまけん）」「言行一致（ゲ・んこういっち）」
「合格発表（ゴ・うかくはっぴょう）」
```

♣言葉の中の「ガギグゲゴ」は鼻濁音で発音する

一方、次のように言葉の中に「ガギグゲゴ」が出て来るときは鼻濁音で発音しなくてはいけません。

「一月（いち・ンガ・つ）」
「杉林（す・ンギ・ばやし）」
「マグカップ（ま・ング・かっぷ）」
「歓迎会（かん・ンゲ・いかい）」
「富豪（ふ・ンゴ・う）」

♣言葉の終わりに来る「ガギグゲゴ」も鼻濁音で発音する

また、言葉のおしまいに「ガギグゲゴ」が来るときも、鼻濁音で発音します。要するに、その前になんらかの音が存在するとき、「ガギグゲゴ」は鼻濁音で発音しなければいけないのです。次のようなものがその例です。

「西洋画（せいよう・ンガ）」
「訪問着（ほうもん・ンギ）」
「高級家具（こうきゅうか・ング）」
「人影（ひとか・ンゲ）」
「国語（こく・ンゴ）」

♣テスト「鼻濁音はどれ？」その1

では、次の文章の中で、鼻濁音で発音しなければならないのはどの音でしょう。考えてみてください。

「雨が通り過ぎ、空を仰ぐと元気なツバメたちの姿が見えた。その飛び方はすごく豪快で、また美しく、芸術的な群舞のように思えた」。

わかりやすいように、この文章に出て来る「ガギグゲゴ」をカタカナにして番号を付けてみましょう。

雨 ガ(1) 通り過 ギ(2)、
空を仰 グ(3) と ゲ(4) ん気なツバメたちのす ガ(5) た ガ(6) 見えた。
その飛び方はす ゴ(7) く ゴ(8) う快で、また美しく、 ゲ(9) い術的な
グ(10) ん舞のように思えた

さあ、鼻濁音で発音しなければならないのは、(1)から(10)までのどれでしょうか、番号で答えてください。

正解は、(1)(2)(3)(5)(6)(7)です。

(1)は、「何が」を表す「が」です。これは鼻濁音で発音することになっています。直前にある言葉に付属しているところから、この「が」は言葉の中

に位置していると解釈されるのです。
　(2)は、単語の一部として言葉の終わりに来ていますし、(3)も直後の「と」で後ろにつながって行っていますが、「仰ぐ」で「。」を打って終わりにしてもよい形ですから、鼻濁音です。
　(4)は、言葉の初めに来ている「ゲ」ですから、普通の濁音でけっこうです。
　(5)は、言葉の中に組み込まれていますから、鼻濁音です。
　(6)は、(1)と同じで、「何が」の「が」ですから、鼻濁音です。
　(7)は、(5)と同様、言葉の中に組み込まれていますので、鼻濁音です。
　(8)(9)(10)はすべて言葉の初めに位置していますから、普通の濁音でかまいません。

♣テスト「鼻濁音はどれ？」その2

　それでは、営業などの場面を想定した問題をやってみましょう。次の文章に含まれる「ガギグゲゴ」のうち、鼻濁音で発音しなければならないものはどれでしょう。
　「ご覧ください。これが、当社が技術開発しました『総合ビル警備システム』です。では、その概要についてご説明申し上げます。こちらが現在のシステムですが、当社のシステムに変えていただきますと、具体的にはこのようになります。警備に当たる人間が現行の半分ですむようになる、というのがカギです」。
　例によって、この文章に出て来る「ガギグゲゴ」をカタカナにして番号を付けます。

> ゴ(1) 覧ください。これ ガ(2) 、当社 ガ(3) ギ(4)術開発しました『総 ゴ(5) うビル警備システム』です。では、その ガ(6) い要について ゴ(7) 説明申し上 ゲ(8) ます。こちら ガ(9) ゲ(10) ん在のシステムです ガ(11) 、当社のシステムに変えていただきますと、 グ(12)体的にはこのようになります。警備に当たる人 ゲ(13) ん ガ(14) ゲ(15)ん行の半分ですむようになる、というの ガ(16) カ ギ(17)です。

　(1)から(17)までの「ガギグゲゴ」のうち、鼻濁音で発音しなければならないものを選び、番号で答えてください。
　正解は、(2)(3)(5)(8)(9)(11)(13)(14)(16)(17)です。
　(1)は、言葉の初めに来ていますから、普通の濁音です。
　(2)は、「何が」の「が」ですから、鼻濁音です。
　(3)も、(2)と同じく「何が」の「が」ですから、鼻濁音です。
　(4)は、(1)と同じく言葉の初めに来ていますから、普通の濁音です。

(5)は、言葉の中に組み込まれていますから、鼻濁音です。
(6)は、(1)(4)と同じく言葉の初めに来ていますから、普通の濁音です。
(7)は、(1)(4)(6)と同じく言葉の初めに来ていますから、普通の濁音です。
(8)は、(5)と同じく言葉の中に組み込まれていますから、鼻濁音です。
(9)も、(2)(3)と同じく「何が」の「が」ですから、鼻濁音です。
(10)は、(1)(4)(6)(7)と同じく言葉の初めに来ていますから、普通の濁音です。
(11)は、「です」に付属していますので、鼻濁音です。
(12)は、(1)(4)(6)(7)(10)と同じく言葉の初めに来ていますから、普通の濁音です。
(13)は、(5)(8)と同じく言葉の中に組み込まれていますから、鼻濁音です。
(14)も、(2)(3)(9)と同じく「何が」の「が」ですから、鼻濁音です。
(15)は、(1)(4)(6)(7)(10)(12)) と同じく言葉の初めに来ていますから、普通の濁音です。
(16)も、(2)(3)(9)(14)と同じく「何が」の「が」ですから、鼻濁音です。
(17)は、単語の一部として言葉の終わりに来ていますから、鼻濁音です。

♣鼻濁音のエキスパートはアナウンサーと俳優さん

　テレビでスターなみの扱いを受けているアナウンサーも、新人時代の研修で「鼻濁音」を正確に発音する練習を厳しくさせられます。
　もともとアナウンサーの第一の仕事は、情報を正確にしかも美しい声で放送に乗せることですから、これはもうしごく当然のことなのです。
　ですから、鼻濁音のお手本に触れたかったらアナウンサーの「読み」を聞いてください。それも、バラエティーなどではなく、ニュースを聞いてください。ベテランのアナウンサーになりますと、その技術はさすがです。
　テレビよりラジオのほうがよりいっそうわかりやすいと思います。
　また、きちんと訓練した俳優さんも鼻濁音にかけてはプロです。俳優さんの場合、ドラマなどではやはりなかなかわかりにくいので、ラジオの「朗読」番組を聞いてみてください。
　NHKラジオ第一放送に『朗読の時間』という番組があります。読まれる小説を手元において目と耳でチェックしながら聞くと、実によく理解できます。
　鼻濁音がきちんと発音できると、言葉に気品が生まれます。そして、その言葉を使っている人もまた品格のある人物だと思われます。逆に、耳障りな濁音を連発する人は品のない人間だと受け取られかねません。ぜひ鼻濁音をマスターし、あなたの品位をいっそうグレードアップさせてください。

❹まねるは学ぶ：桂歌丸さんの「美しい日本語」

♣歌丸さんは落語で江戸弁を使わない

　日本テレビの人気演芸番組『笑点』で司会を務める桂歌丸さんは、古典から新作まで幅広い領域の落語を演じられる大ベテランの噺家（はなしか）さんですが、歌丸さんは実は東京下町の出身ではありません。
　横浜のお生まれで、現在もその地にお住まいです。
　江戸落語をネタとする噺家さんが東京下町以外の出身である場合、一生懸命に江戸弁（江戸下町言葉）を勉強するのが通例です。やはり『笑点』の大喜利解答者の一人、三遊亭小遊三さんは山梨県大月市の出ですが、彼の江戸落語を聴くと、山梨の出身だとはとても信じられないような、まことに歯切れの良い江戸弁を話されます。お里の言葉が出ないように、ずいぶんと練習されたのだと思います。
　ところが、歌丸さんは落語であえて江戸弁は使わないそうなのです。では、歌丸さんはどんな言葉で落語を演じているのでしょうか。

♣誰の耳にも聞きやすい「美しい日本語」

　歌丸さんが生まれ育った横浜の言葉にどのようななまりがあるのか、筆者は不勉強でよく知りませんが、歌丸さんは東京下町の出身でない自分がムリして江戸弁を話すより、誰にでもわかる聞きやすい日本語で落語を演じようと思ったようです。
　実際、歌丸さんの落語を聴いていると、発音、発声、鼻濁音とどれをとってもアナウンサー顔負けの正確さです。歌丸さんは「正しい標準語」を目指しているのだ、と思います。
　1973年と2001年に開腹手術を、その後にも腰部脊柱管狭窄症（ようぶせきちゅうかんきょうさくしょう）の手術を受けていますから、けっして丈夫な体の持ち主ではないでしょうに、あの細い体のどこからあのようなとてもしっかりした日本語が出て来るのか、敬服してしまいます。
　インタビューなどで、歌丸さんは「美しい日本語」を心がけている、といっています。筆者が聞くに、とりわけ歌丸さんの「発音」は芸能界でも随一のものではないかと思います。
　私たちは、話のプロである噺家さんから大いに学ぶべきですね。

6 「良い声」「通る声」というのは

Point
- ♣ 声は大きけりゃいいってもんじゃありません。
- ♣ 「わめく」「どなる」は絶対にダメです。
- ♣ 声帯の性質をよく知って、上手に付き合いましょう。
- ♣ 「良い声」は、通る声です。
- ♣ 小さくても「良い声」は、聞こえる声です。
- ♣ 小さくてもよく通る声の見本は、小林稔侍さんの小声のセリフです

❶ 「わめく」「どなる」は「やかましい」だけ

♣ 「大きい声」イコール「聞こえる声」ではない

　ずいぶん古い話で恐縮ですが、故田谷力三さんは、大正の後期から昭和初期にかけて、浅草オペラという大衆向けのオペラの大スターとして人気を誇った人で、大変な声量とコミカルな歌唱で他の追随を許さなかった歌手です。

　その田谷さんが、70歳を過ぎてから「懐メロブーム」に乗って頻繁にテレビに出ていた頃のことです。田谷さんと親交のあったオペラ界の巨匠で同年輩の故藤原義江さんがいったそうです。

　「ぼくにいわせれば、田谷はオバケだ。大きな声は、オペラ歌手なら歳を取ってからでも出せる。今の私でも出せる。だが、田谷がオバケだというのは、彼は細かく柔らかな音をいまだに出す。だからオバケだというんだ」。

　これは、「声」というものの性質をズバリといいあててた名言だと思います。藤原さんほどの世界的な大歌手でさえも、老齢から来る声の衰えには勝てなかったということですが、その藤原さんが田谷さんを「細かく柔らかな音を出すのだから、たいしたもんだ」といっているのです。

　つまり、「声は大きければいいというものではない。細かく柔らかい部分こそが聞こえなければ価値がない」ということです。

結論からいうと、「声は聞こえなければダメだ」ということなのです。
そして、これは一般の人たちが大いに誤解していることなのですが、「声は大きければ必ず聞こえる」ということはないのです。むしろ、その逆の場合の方がずいぶん多いのです。

♣「聞こえない」若手俳優の大声

ある有名な新劇の劇団の舞台を観たときのことです。
まだ20代半ばと思われる青年俳優が何人も出て来て、勇ましく気勢を上げる場面がありました。
なにしろ彼らはとにかく若く、からだもガッチリした非常に健康的な若者たちで演出も良かったので、その場面はとても良い絵になっていました。
しかし、彼らのセリフを聞いてガッカリしてしまいました。
聞こえないのです。何をいっているのか、まるっきり聞き取れないのです。
若い青年たちは渾身の力を込めて大声を張り上げているのにもかかわらず、です。
場所は300人ほどしか入らない中劇場で、筆者は前から三番目の席に座っていました。でも、セリフが全く届いて来ないのです。ただ単に音量が大きいだけなのです。

♣「見事に聞こえる」老俳優のささやき

ところが、その後、ビックリしました。
80歳を過ぎた大ベテランの男性俳優が独りで登場して、うつむきながらぶつぶつとセリフをつぶやくのですが、ちっとも大きな声を出していないのに、むしろ小声でひっそりとささやいているのに、ものの見事に聞こえるのです。
「通る声」とはこういう声なんだなあ、と強く実感した次第です。

♣「やかましい声」は誰も聞かない

先に「教師の大声は、生徒の私語を誘発する」というお話をしましたが、青年俳優たちの大声は、正にそれだったわけです。ひたすらがなり立てるだけの怒鳴り声は、誰をも不愉快にさせます。聞く気になりません。
ただでさえ不明瞭な発音をしているところにもってきて大音量でガーガーやるのですから、言葉が伝わって来るはずがないのです。
あなた、営業でこれ、やっていませんか。声は大きければいいというものではありません。声は、聞こえなければ価値がないのです。

❷声帯を手玉に取る

♣声帯に優しい発声をする

　前述したように、声帯は軟骨と筋肉でできていますので、筋肉の部分は長く使い続けると疲労するのです。この後の❸で詳しくお話しますが、要するに声帯がなるべく疲れないように使うことが大切なのです。つまり、声帯に優しい発声を心がけることです。

　5キロの米の袋をかついで15分歩くのはとても辛いですが、100グラムにも満たない書類を小脇に抱えてなら1時間歩いてもさほど苦にならないでしょう。声帯もあれと同じです。少しずつ少しずつ働いてもらうのです。

♣「深い呼吸」をすると声帯がラク

　肺の中にめいっぱい空気を入れ、それをすべて吐き出すという呼吸、すなわち「深い呼吸」を心がけると、声帯への負担がグッと軽くなります。

　声帯というのは、肺から送られて来る空気で自身を震わせて音を出すのですが、送られて来る空気が少ないと震え方も小さくなります。震え方が小さいと、当然声も小さくなります。それなのに大きい声を出そうとすると、声帯にムリな力が加わるのです。

　ですから、できるだけ多くの空気を送れば、自然と大きな声がムリなく出るというわけです。また、声帯は多くの空気を送られても小さい声ですませることができる機能も持っています。"大は小を兼ねる"です。

　実はこの「多くの空気を送られたときに出す小さな声」こそが、「通る声」のもとなのです。

♣「浅い呼吸」は声帯疲労を招く

　肺の中に十分空気を入れないまま、それを声帯に送るということを繰り返すと、息継ぎが多くなります。

　そこで、人によっては早口になります。声に底力がないので、発声が弱くなります。早口になると発音も不明確になります。

　それではまずいと、声帯に力を入れて強い声を出そうとしますから、不自然に力んだ声ができ上がるばかりか、声帯疲労を招いてしまうのです。

　このような聞き取りにくい声を生む「浅い呼吸」は、極力避けましょう。

❸「良い声」は小さくても聞こえる

♣小さくても「通る声」をつくろう

さあ、では今までの復習をかねて「小さくても通る声」をつくってみましょう。

【小さくても通る声のつくり方】

	声のつくり方の手引
①	肩幅に脚を開く。
②	まっすぐに立つ。
③	口を閉じて、正面を向く。
④	鼻からめいっぱい空気を吸う。
⑤	声帯に力を入れず、肺の空気を少しずつ吐く。
⑥	息を吐きながら、ゆっくりはっきり、しかもやわらかく静かに「ア、イ、ウ、エ、オ」という。
⑦	同様に、「カ、キ、ク、ケ、コ」「サ、シ、ス、セ、ソ」と五十音を最後までいう。
⑧	さらに、新聞の記事、チラシ広告の文句、思いついた言葉、なんでもよいので、同様の要領でいう。
⑨	4～5メートル離れた所にマイクを置き、これを録音する。誰かに聞いてもらってもよい。確かに聞こえたらGOOD。
⑩	また、声を出さず息だけで話して聞こえたらVERY GOOD。
⑪	そこに少しずつ声を加えていって、⑧⑨⑩を3回繰り返す。

できましたか、カンタンでしょう。これを1日1回やってください。あなたの声は「小さくても通る声」になっていきます。

小さくても通る声の要点をまとめると、次のとおりです。

【小さくても通る声の要点】

小さくても通る声の要点	① 肺に空気をめいっぱい吸い込む「深い呼吸」を行う。
	② 声帯に力を入れない。
	③ 話す速度はゆっくり、しかし発音ははっきり、あくまでソフトに。

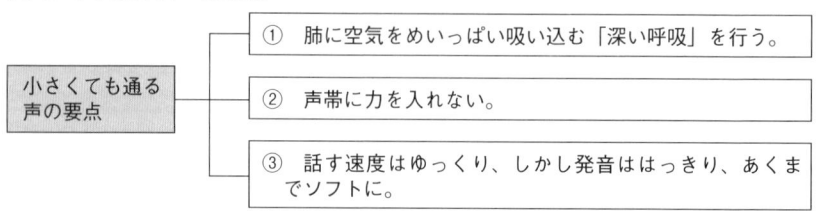

繰り返しますが、このように「通る声」は「大きい声」ではないのです。「通る声」とは、声帯に豊富な空気をゆったりと通すことによって生まれる「余裕のある声」です。

だんだん慣れてきたら、今お話した訓練法を少しずつ大きな声でやってみてください。「良い声」が出るようになりますよ。

これと発声訓練を合わせて行えば完璧です。

❹まねるは学ぶ：小林稔侍さんの「小声でも通るセリフ」

♣映画出身なのに「通る声」

テレビや映画で活躍している俳優・小林稔侍さんは、永らく東映の端役専門で目立ちませんでしたが、30歳を過ぎてから注目され始め、今では数々のドラマで主役を張る立派な役者さんになられました。

小林さんは映画界の出身です。小林さんが俳優になった当時の映画は「アフレコ（撮影後にスタジオでセリフを録音する方式）」が主流でしたから、映画俳優は舞台の役者に比べるとあまり発声訓練などをしなかったようです。

現に、映画で人気のある俳優が舞台をやるのを観ると、声が小さすぎて何も聞こえずガッカリしたことが何度もあります。

それなのに、小林さんの声はすばらしいと思います。よく通るのです。

♣渋みがあり、なおかつ良く聞こえる声

小林さんが高倉健さんと共演して映画賞を受賞した『鉄道員（ぽっぽや）』で、小林さんは初老の男性を演じていましたが、作品の中で確か一度も大きな声を出しませんでした。姿勢も常に前かがみで、顔もうつむきかげんにして、人物の年齢を感じさせる演技をしていました。

セリフをしゃべるときも口をあまり開けず、どちらかというとボソボソと話す感じでした。ところが、そのことばは観客の耳と心にはっきりと伝わってきました。芯のある、すばらしい声でした。鍛え抜かれた舞台のベテラン役者の声のように感じられ、とても感動しました。

♣発声訓練は必須

小林さんは、ドラマに出ると小声で言葉を包むようなセリフ回しをするこ

とがありますが、きちんと聞こえます。これは録音のマイクの感度が良いからではなく、発声発音が良いからだろうとかねがね思っていましたが、『鉄道員（ぽっぽや）』を観て、やっぱりと膝を打った次第です。

的確な発声訓練を積み重ねた結果が、小林稔侍さんの「小声でも通る声」を生んだのだと思います。いつかご本人に確かめてみたいものです。

♣「小声でも通る声」は大声でも通る

小林さんはドラマの中で若い後輩を叱ったり、犯人を追及したりするとき、とても大きな声を出すことがありますが、この大きな声がまた、よく通るのです。

小声でも通る声を出せる人は、大声を出してもけっして声が割れたり崩れたりせず、声がまっすぐに突き進むのです。これもまた「大は小を兼ねる」なのです。

声を大きくすれば通って当然だろう、と普通の人は考えがちですが、発声・発音がまずい人が大声を出すと何をいっているのかわからなくなってしまいます。

小林さんの声は少しハスキーなところのある声なのに、大きな声を出すとむしろふだんより澄んで聞こえます。これは肺の空気がとても効率よく声帯を通っている証拠です。発声法としては、声楽のそれに近いかもしれません。

確か、小林さんは歌手でもありますので、歌唱の勉強が演技の面でも生きているのでしょう。やはり、発声訓練は演劇的なものと声楽的なもののふたつを並行して行うとよいということです。

♣よく声が通る映画俳優

余談ですが、映画俳優で声がよく通る人といえば、三国連太郎さん、山崎努さんでしょうか。故三船敏郎さんもそうでした。三船さんはまだ駆け出しの頃、毎朝撮影所に誰よりも早く行って発声訓練をしていた、という有名なエピソードがあります。

外国の映画俳優はずいぶん古い時代から、よく通る声で観客を魅了していました。ゲーリー・クーパー、チャールトン・ヘストン、アンソニー・クイン、ロッド・スタイガーなど、枚挙に暇がありません。

音のないサイレント時代から喜劇王と呼ばれたチャールズ・チャップリンが、実は朗々たる美声の持ち主だったこともよく知られています。

② 好感度は間と呼吸と声の使い方

高い声、低い声、強い声、弱い声を場面によってどう使い分け、間と呼吸をいかにうまく調節して話すか、言葉の悪いクセをどのように克服し、良い声をどうやって保つか、説明します。

1 こんな場面にはこの声で「高低強弱」声の使い分け

Point
- ♣いつも同じ声では聞いてくれません。
- ♣声の「高低強弱」を使い分けましょう。
- ♣商品のメリットアピールは「高い声」で。
- ♣限定サービスは「低い声」で。
- ♣商品への自信を強調するのは「強い声」で。
- ♣いいにくいことをいうときは「弱い声」で。
- ♣声の使い分けの見本：橋爪功さんの声は千変万化です。

❶声の「高低強弱」を使い分ける

♣同じ音は「もうけっこう」

音楽にたとえてみましょう。

同じ音だけをひたすら聴かせる曲はありません。メロディーとは、異なった音を上手に組み合わせたひとかたまりの流れのことです。良い曲だなと感じるとき、その音の組合せはとても美しい起伏に富んでいるのです。

また、起伏つまり音の高低だけではなく、音量の大小つまり強弱も極めて重要です。ベートーヴェンの『運命』交響曲の冒頭の「ダダダ、ダーン！」は強烈な勢いで演奏しなければなりませんが、童謡の『ぞうさん』はそれよりもずうっと優しく弱い音で奏でられるべきです。

作曲家は曲を創る際、メロディーにいかにうまく高低強弱を付けるかに苦心するのです。それがきちんとできていないと、どうなると思いますか？

聴いている人は飽きて、聴くのをやめてしまいます。

声もこれと全く同じです。

♣「変化する声」は人を引きつける

場面が変わったのに同じ声で話していると、相手は場面が変わった気がせ

ず、続けて話を聞く意志が急速に萎えます。逆に、場面ごとに声を劇的に変化させるとそのたびに気分が変わって、俄然乗り方が違って来ます。

ドラマティックに変わる声は、聞き手を磁石のように引きつけるのです。

♣あなたにとっての「高い声」「低い声」「強い声」「弱い声」を出す

繰り返すようですが、ここでいう声の「高低強弱」というのは、あくまであなたの声における「高低強弱」です。自分がふだん出している声の範囲内で、「高い声」「低い声」「強い声」「弱い声」のゾーンを指定し、場面に応じてそれらのうちのどれか1つだけを使うようにすればよい、ということです。

もともと高音の声の人にバス（男性の低音）歌手のような声を出せとか、逆に、低い声の持ち主にテノール（男性の高音）の音域でしゃべれ、などといっているわけではけっしてありませんから、どうぞご安心ください。

聞き手があなたの話を聞いていて、声の自在な変化を感じて話に引き込まれて行くようにすることが目的なのですから、あなたの話し方にメリハリを付けるための技術だと考えてください。

また、これらの声で話すときには、今までお話してきたように「深い呼吸」と「良い発音」による「良い声」を出し、それによって言葉がすべて相手に伝わることが前提なのはいうまでもありません。

♣「高い声」は「プラス」の声

「高い声」は「低い声」よりも聞き取りやすいものです。ですから、相手にぜひとも一言一句残らず聞かせたい、というときには「高い声」です。

あなたにとって、これを聞いておけばこんなに「プラス」になりますよ、という内容の話をするときには「高い声」を使いましょう。

「高い声」は「プラス」の声、と覚えておいてください。

♣「低い声」は「スーパープラス」の声

「低い声」は「高い声」よりも聞き取りにくいのですが、「深い呼吸」と明瞭な発音をもって静かに話せば、相手は耳をそばだてて聞こうとします。

そこで「低い声」は、とても耳寄りな話をするときに効力を発揮します。

限定、極秘、期限付き、特別などといった大変に貴重でうれしい情報を伝えるには「低い声」なのです。

一般には、こういうときはハイテンションの「高い声」が適していると考えられているようですが、それは間違っていると思います。最重要事項につ

いて聞くとき、人は「高い声」には耳を貸さないのです。
　「高い声」の守備範囲は「プラス」止まりとし、さらにうれしい「スーパープラス」の話は、グッと声のトーンを落として「低い声」で行きましょう。

♣「強い声」は「マインド」の声
　力強く前に出される声は情熱的に聞こえますので、自信、尊敬、驚き、喜び、共感、訴えかけなど、心の動きを表現したいときに使うと効果的です。
　演説が上手な政治家が街頭演説で聴衆の感情に訴えたいときは、例外なく「強い声」を使っています。
　心や感情の声をダイレクトに表現するのに適しているので、「強い声」は「マインド」の声といえるでしょう。
　ただし、くれぐれも声帯に十分な空気を送らないまま、ムリに力んで声を出さないように注意してください。すぐに声が出なくなってしまいますから。

♣「弱い声」は「ウイークポイント」の声
　ここでいう「弱い声」とは、消え入るようなか細い声のことではありません。音量が小さい声です。ですから、この「弱い声」もまた聞き手にはっきりと聞こえなければなりません。
　ボリュームを下げた声は、できればいいたくないことをやむをえずいわなければならないときに使うとよいでしょう。
　つまり、控えめで奥ゆかしく、またいいにくい内容の話をするときです。「弱い声」は「ウイークポイント（弱点）」の声ですね。

♣これら以外のときは「普通の声」「中くらいの強弱の声」で
　もちろん、「高低強弱」を付けなくてもよい場面では、あなたにとっての「普通の声（一番出しやすい声）」を「中くらいの強弱」で出して話せばいいのです。そして、話しているうちにここぞというところに差しかかったら、声に変化をつけて相手をいっそう話に引き込んでいくのです。
　いいですか。声を使い分けて、話にメリハリをつけるのです。
　ただし、プロの俳優さんでもないのに声のトーンを目まぐるしく変えすぎると、話の道筋がわからなくなってしまいますので、その点は十分に注意しましょう。
　では次に、どんな場面でどの声を使ったらよいのかということについて、具体的にお話しましょう。

❷商品メリットは「高い声」で

♣「高い声」で商品の長所を力説

　商品の美味しさ、新鮮さ、安全性、産地、効果、効能、利便性、価格、他社製品との差別性など、その製品の優れている点を強調したいときは「高い声」です。
　特に、その商品がどれほどの利益をお客様にもたらすかということをいう場合、けっして押し付けがましくならず、それでいて消極的だと思われないようにするなら「高い声」はうってつけです。

♣「高い声」で理想像をアピール

　その商品を使うとどんなにすばらしいことが実現するのか、そのサービスを受けるとどんなに快適になるのか、どんなに気持ちの良いことが起こるのか、といった商品やサービスによる来たるべき理想像をいいたいとき、「高い声」を活用します。

♣「高い声」で「お客様の声」を代読

　実際にその商品を使い、そのサービスを受けたお客様の喜びの声、賞讃のコメントを読み上げるときも「高い声」です。その際、演技力を駆使してお客様の年齢や性別に合わせた読み方ができると注目度がグンと上がります。
　演技そのものは下手でもいいのです。聞き手が「面白い」と思い、「この人は一生懸命『喜びの声』を伝えようとしているなあ」と思ってくれればいいのですから。

♣「高い声」で「オトクな情報」を発信

　その商品を今買ったらこんな特典が付いてくるとか、こんなプレゼントがあるとか、来月の初めにはもっと優れた商品が出るとかといった、お客様にとってオトクな情報を知らせたいときにも、「高い声」がぴったりです。
　自分にとってオトクな話なら、人はやかましいとはけっして思わないのです。
　テレビショッピングでその商品のメリットを発表するとき、タレントが声を一段高くするでしょう。あれです。

❸あなただけへの限定サービスは「低い声」で

♣「低い声」で「今だけです！」

「今月に限って10％オフです」といった「期間限定サービス」をアピールするとき、「低い声」は非常に有効です。でも、けっして先を急がせるような、あおりたてるような言い方をしてはいけません。ゆっくりと落ち着いて柔らかくいいましょう。

安売りのバーゲンセールのようなイメージを与えてしまっては逆効果です。

♣「低い声」で「あなただけです！」

「オンリーユー」のサービスにも「低い声」は威力抜群です。

「女性だけ」「独身の方だけ」「学生さんだけ」「お母さんだけ」「お父さんだけ」「今日が誕生日の方だけ」「今日が結婚記念日の方だけ」「小学生以下のお子さんだけ」「70歳以上の方だけ」「クルマをお持ちの方だけ」「会社経営者の方だけ」「カップルの方だけ」「ご家族連れだけ」などなど、他にもお客様はたくさんいらっしゃるけれど「特別にあなただけ」という場合、「低い声」でズバリとお教えしましょう。

まるで恋人の耳元で甘くささやくような調子でいってください。自分だけがとても大切に扱われたような印象を強く与え、お客様はすばらしくいい気持ちになります。

♣「低い声」で「お買い上げのお客様だけです！」

同じ「オンリーユー」でも、既にお金を払ってくださっていたり、なんらかの契約をしてくださっているお客様だけに向けたサービスでは、「感謝」の気持ちを込めて、一段と深みのある「低い声」で、よりいっそう丁寧にご案内しましょう。

「ご成約の方だけ」「お見積りの方だけ」「5,000円以上お買い上げの方だけ」「会員の方だけ」「ご契約後1か月以内の方だけ」といった場合です。

購買や契約などを果たしたお客様は自尊心と満足感でいっぱいですから、落ち着いた、ゆったりとした「低い声」でその気持ちを最大限引き立て、顧客としての優越感に思う存分ひたっていただくのです。

❹商品への自信は「強い声」で

♣「強い声」で自社製品への「絶対の自信」を強調

　「強い声」は「押す声」です。自分がなぜその商品を強くお勧めするのか、それは「絶対の自信」があるからです。では、どうして「絶対の自信」があるのかというと…。という具合に、自社製品についての「自信」を語るとき、「強い声」がモノをいいます。

　そして、「自信」をお客様に伝える際に極めて強烈な説得力を持つのが「自分の言葉」です。マニュアルどおりのセールストークではなく、自社製品を自分自身で使ってみて得た感動を自分ならではの言葉で熱く語るのです。

　人は本当の感動を語る人に引きつけられ、聞くにつけ自身もまた感動していきます。自分の熱い言葉で「自信」を語り、お客様を感動させましょう。

♣「強い声」で「尊敬の気持ち」を表明

　お客様が商品について高い見識や豊富な知識を持っていることがわかったら、「強い声」で「尊敬の気持ち」を伝えましょう。

　「よくご存じでいらっしゃいますね！　実に驚きました！」「どこで研究されたんですか。全く信じられません！」「おっしゃるとおりです！　よくおわかりですね！　びっくりしました！」など、尊敬と驚きを込めて贈るお客様への絶賛は、わざとらしくなければどんなに「強い声」でもかまいません。尊敬されてイヤな気分になる人はいないのです。

　お客様を賞讃する「強い声」は、好感度と購買率をグンとアップさせます。

♣「強い声」で「共感」と「感情への訴え」を

　お客様の意見や考えに同感し共鳴したときは、「強い声」で「共感」の気持ちを表してください。「心からそう思います」「同感です」「本当にそうですね」などと「強い声」でいわれると急速に親近感が増し、大変効果的です。

　従来製品への不満などをあげて「とっても不便でしたよね。そこで、その点を見事にクリアした新製品が出たんです！」と、お客様の感情に訴えなが

1 こんな場面にはこの声で「高低強弱」声の使い分け

らトークする場合も「強い声」です。これは、お客様に相手とマイナス感情を共有できたという感覚を与えますので、いっそう親近感を増大させます。

❺いいにくいことは「弱い声」で

♣「手数料がかかってしまうのですが」は「弱い声」で

お買上げの品を代金引き換えでお送りすると「手数料」がかかりますが、これをお客様にお伝えするのは心苦しいものです。そんなときは、音量を落とした「弱い声」です。あくまではっきりと聞こえなければダメですが、「弱い声」で話すと、お客様は自分を気遣ってくれているなと感じて、素直に「手数料」を払う気持ちになります。

もしこれを「強い声」でやったらどうでしょう。「何がなんでも払え。払わないと品物は売らないぞ」といわれているように受け止められて、非常に印象が悪くなり、ひどい場合は「じゃあ、いらないよ！」となってしまいます。ですから、地声が大きい人は細心の注意が必要です。

♣ もちろん「謝罪」も「弱い声」で

お客様に謝らなくてはならないときは、「弱い声」しかありません。でも、間違えないでください。聞こえるか聞こえないかわからない「蚊の鳴くような声」ではいけません。それだと「何をいっているのかわからないよ。あなたは本当に謝る気があるんですか」といわれてしまいます。

いっていることが相手にすべて届きながら、「申し訳ない」という気持ちがくっきりとみえる声であるべきなのです。つまり、究極の「謙虚さ」です。自分の非を認め、全面的に謝罪する意志を明確に伝えるのです。

先にお話した、まんべんなく肺に吸い込んだ空気を豊かに声帯に送りながら声はさほど出さず、なおかつ口はしっかりと開け閉めして確実に発音する「小さくても通る声」が、まさにこの「弱い声」なのです。

♣「言いにくいこと」は「弱い声」にまかせる

「失礼ですが」「申し訳ないのですが」「お言葉ですが」「お手数ですが」などの後に続く、批判、指摘、釈明、反論、依頼など、相手に直言するのは

ばかられる話は、「弱い声」の担当です。

　「言いにくいこと」をいうときこそ、控えめな好感度が必須なのです。

❻まねるは学ぶ：橋爪功さんの「臨機応変のセリフ術」

♣「高低強弱」自由自在の声

　検事、刑事、新聞記者などを演じて、今や夜のテレビドラマの主役として欠かすことのできない存在となった俳優・橋爪功さん。あの独特で豊かな表情もさることながら、その卓越したセリフ術はさすがの一言です。

　特に、声の使い分けは大したものです。橋爪さんの声はもともと高いほうなので少々わかりにくいかもしれませんが、場面に応じた「高低強弱」のつけ方はまさしく臨機応変で、すばらしいものです。

♣「声」の基礎がしっかり

　橋爪さんは新劇のご出身ですから、「声」と「言葉」の訓練はお若い頃から十分なさってこられたはずです。ですから、基礎がとてもしっかりしていらっしゃいます。ドラマを観ていますと、それがはっきりわかります。これまでお話してきたことを演技の中で実行していらっしゃるのです。

♣シーンごとに「声」を変える

　例えば、①上司に自分が取材してきたネタを新聞に載せればスクープになるとアピールするシーンでは「高い声」（メリット）、②署長に「とっておきの話」をするシーンでは「低い声」（限定、極秘）、③自分の捜査は正しいと主張するシーンでは「強い声」（自信）、④かさんだ取材経費を怖いボスに請求するシーンでは「弱い声」（いいにくいこと）、という具合です。

♣1つのセリフの中でも「声」が千変万化

　しかし、橋爪さんの力量はここに停まってはいません。1つのセリフの中でも「声」がクルクルと変わるのです。こういうふうにです。

　「（高い声）今すぐ行ったほうがいいですよ。（低い声）チャンスは今しかないと思いますよ。（強い声）彼は絶対東京にいる！（弱い声）ただし、もし、まだ死んでいなければね」。

② 「間（ま）」と「呼吸」がものすごく大事

Point

- ♣「間」と「呼吸」は、話し方の柱です。
- ♣ 出身地の方言は、むしろ「個性」になります。
- ♣ 話し言葉は完璧な標準語でなくてもよいのです。
- ♣「繰り返し」は記憶に残ります。
- ♣「速い」「遅い」を調節して話します。
- ♣ 言葉と言葉のあいだをどのくらい空けるかがカギです。
- ♣「間」と「呼吸」の見本は、西田敏行さんの絶妙なタイミングです。

❶「間」と「呼吸」は話し方の柱

♣「間」は「間隔」

　人は、一生懸命になると一気呵成にしゃべりまくります。聞き手がその話題に強い興味を抱いていて、一言一句聞き漏らすまいとしているのなら、それでよいのですが、正反対だったらどうですか。

　人はまた、興味がない物事に対しては、それを派手に示されれば示されるほど背を向けるものです。そんなときは、どんなに勢いよくまくしたてられても、全く何も聞いてはいません。早く終われよ、と相手が帰るのをただひたすら待っているだけです。

　まだ商品についてさほど強い関心を持っていないお客様に買う気を起こさせるのが、そのときのあなたの目的だとしたら、寒気がしませんか。

　極意は話の「間」です。「間」というのは、言葉と言葉、文と文のあいだの「間隔」のことです。この「間」をどこでどのくらい取るかによって、聞き手の話に対する注目度は信じられないほどアップします。

♣「呼吸」は「いつ次の言葉を出すか」

　話の最中、次の言葉をいつ発するか、も非常に重要です。これが「呼吸」で、

「間」と並ぶ「話し方の柱」です。

あなたの話し方は、この「呼吸」を改善するだけでも猛烈に進歩するはずです。

「間」と「呼吸」の技術については、❸以降で詳しく説明します。

❷標準語じゃなくてもかまわない

♣出身地の言葉を生かす手もある

先に「標準語をマスターしておくと強い」とお話しましたが、完璧な標準語を話せるようになるのはなかなか大変です。近ごろでは、プロのアナウンサーでさえも妙なアクセントでニュースを読んでいることがあるくらいですから、一般の人間には難しいかもしれません。

でも、標準語はどの地方に行っても通じる便利な言葉ですから、ぜひマスターする努力は続けてください。

とはいえ、言葉によってはどうしても出身地のアクセントになってしまうという場合は、いっそのこと、それで押してみるという手もあります。

ただし、相手にとってあまりに意味不明の言葉が連続してしまうような使い方は絶対にダメです。言葉は大事なコミュニケーションの道具ですから。

ところで、最近の吉本ブームはすごいですね。テレビもラジオも映画も舞台も、上方言葉（かみがたことば。いわゆる関西弁）の洪水ではありませんか。

つまり、吉本の芸人さんたちは標準語を使っていないわけです。自分の土地の言葉で仕事をしているわけです。その土地の言葉を使っているがために人気が高いのです。あれは立派な１つの「非標準語文化」だと思います。

ですから、出身地の言葉もああいう使い方なら大歓迎なのです。

非標準語が、その人の個性になるようにうまく使うのです。

♣方言は「個性」になるが、通じなければ無意味

しかし、全国ネットの放送に出るとき、上方芸人さんたちは「バリバリの上方言葉」を使っていないような気がします。一言で上方といっても、土地によって微妙に言葉が違うはずなのに、みな同じように聞こえます。

例えば、あなたは次のような上方方言の意味がおわかりですか。

【上方方言の意味】

	上方方言	標準語
①	あんじょう	首尾よく
②	きょうび	このごろ
③	いけず	いじわる
④	とうさん	長女
⑤	いとはん	次女
⑥	こいさん	末娘
⑦	いたばはん	板前さん
⑧	ぼん	息子さん
⑨	まむし	うなぎ
⑩	しばく	たたく
⑪	ねぶる	なめる
⑫	わや	めちゃくちゃ
⑬	だんさん	だんなさん
⑭	きばる	がんばる
⑮	～たおす	～しまくる
⑯	～いでか	～ないはずがない

　いくつ正解でしたか。上方の芸人さんたちは、テレビでこういう言葉を使っているでしょうか。落語や漫才や新喜劇のようにもともとセリフとして言葉が固定化されているものは別ですが、彼らがタレントとしてテレビなどに出るときは「バリバリの上方言葉」は避けて、努めて標準語に近い上方言葉を使っているように聞こえます。アクセントは完全に上方のものですが、中身は純粋な上方方言ではないと思います。それでは全国の視聴者に通じませんから。

　それでも、彼らは「コテコテの上方お笑い芸人」として認知されています。純粋な上方言葉ではないけれども、彼らの「非標準語」が「個性」として重

要なアピールポイントとなっている、ということです。

このように、出身地のアクセントを大いに活用して自身の認知度を上げる方法もあるのです。

♣出身地の言葉だと「間」と「呼吸」がラク

また、生まれたときから慣れ親しんだ言葉を使うと、「間」と「呼吸」の取り方が格段にラクですので、標準語の完全な習得が厳しい人は出身地の言葉で行くほうがよいかもしれません。

というのも、その方が標準語を正確に話そうとする苦労がなくなる分、「間」と「呼吸」のマスターが早くなるからです。

しかし、くり返しますが、他の地方の人が聞いてほとんど理解できないような難解な言葉はけっして使ってはいけません。あくまで、出身地のアクセントに乗せて標準語を話すつもりで言葉を発してください。

♣有名人と方言

俳優さんやタレントさんには、出身地の言葉を「売り」にして認知度を上げている人が何人もいます。

ドリフターズの加藤茶さん（生まれは愛媛）、俳優の佐藤B作さん、西田敏行さん（❻で詳しくお話します）は福島、往年の傑作ドラマ『三匹の侍』で有名な俳優の故長門勇さんは岡山、タレントで歌手、酪農家の田中義剛さんは青森、歌手で俳優の武田鉄矢さん、タレントの小松政夫さんは福岡、女優のあき竹城さんは山形、といった具合です。大いに見倣いましょう。

---

❸「繰り返し」も重要なテクニック

♣大切なことを強調したいときは「繰り返す」

ふだん、私たちは会話の中で何かを強く主張したいとき、そのことをなんべんも繰り返します。「口がすっぱくなるほど」などといいますよね。

「話し方」の技術で意外と忘れられやすいのがこの「繰り返し」です。技巧としては実に簡単な方法です。同じことを何度もいえばいいのですから。

ただ、相手に「くどい！」と思われては失敗です。ですから、会話の最中に続けて2回繰り返し、ひととおりの話が終わったところでもう1回繰り返

す、合計3回繰り返すというやり方がよいと思います。

　最後にもう一度念を押されると、グッと強く印象に残るものです。

♣「商品連呼型」の「繰り返し」はダメ

　いつでもそうですが、こちらの話を聞く気が大いにある人が相手なら問題はないのです。聞き手にその気があまりない場合は、いわゆる「商品連呼型」の「繰り返し」をやってしまうと徹底的に逆効果です。

　そういうときは、必ず「もう一度申し上げてもよろしいですか」と「お断り」をしてから繰り返しましょう。

♣二度目は一言一言「間」をあけていうと注目度がアップ

　そして二度目に商品名をいうときは、一言一言『間』をあけていいましょう。

>　◆ダメな例
>　「これが、このたび当社が新発売致しました『マルチノートパソコン・ユニヴァーサル2』、『マルチノートパソコン・ユニヴァーサル2』です！」
>　◇良い例
>　「これが、このたび当社が新発売致しました『マルチノートパソコン・ユニヴァーサル2』です。・・・もう一度申し上げてもよろしいですか……
>　『マルチ、ノート、パソコン、ユニヴァーサル、2』、です」

　大して聞く気がない相手は、一気に商品名を二度も連呼されてもそれは頭の中を素通りするだけで全然意識に残らないばかりか、「やかましい！」と反感を抱かれてしまいます。

　そこで、「……」（約2秒）と「間」を取って相手に休みを与えた後、礼儀正しく「もう一度申し上げてもよろしいですか」と尋ねます。そして「……」（約2秒）とひと呼吸置いて「『マルチ、ノート、パソコン、ユニヴァーサル、2』、です」とやります。なぜ一言一言を区切っていうのかというと、それは聞き手を一言一言に引きつけるためです。

　そうです。「間」というものは、人を引きつけるのです。

　例えば「マルチ」という言葉に注意が向けば「どうして『マルチ』っていう言葉が頭に付いてるの？」という疑問がわいて、それについて質問してくるかもしれないでしょう？

　「なんで『ユニヴァーサル』っていうんですか」とか、「『2』っていうことは『1』があったんですか」とか、商品の名前がお客様に完全に届くと、様々な問いが発されるようになります。これこそお客様自らが与えてくださる商

品説明の絶好の好機ではありませんか。

　もちろん、それは商品名だけでなくすべての言葉についていえることです。こちらがいうことがお客様に100％届けば、お客様が自然と反応して、ビジネスチャンスは2倍にも3倍にもなっていきます。

　「間」と「繰り返し」は、このようにして「売れる」機会を確実につくっていくのです。

♣「間」は1秒から2秒

　会話の中の「間」は「1秒」から「2秒」でよいと思います。でも、お客様の前で時計を見るわけにはいきませんので、「体内時計」が頼りになります。

　筆者の「体内時計」は、比較的に正確で、時計を見なくてもだいたいの時刻を言い当てることができます。ですから、例えば「1分間」というのはどのくらいの時間か、ということもおおよそ正しく把握できています。

　しかし、一般の人の中にはそういうことが苦手な方も多いと思います。普通は、「体内時計」の方が本物の時計よりも進んでいて、極端な場合、実際は30秒しかたっていないのにもう2分たった、と感じたりするものです。

　そこで、しっかりと「間」を取るためには、頭の中でできるだけゆっくりと数を数えてください。

　1秒は「いぃぃぃぃち」、2秒は「いぃぃぃぃち、にぃぃぃぃぃ」という具合に数を数えるのです。ゆっくりすぎるかなあ、と思うくらいでちょうど良いのです。

❹「速い」と「ゆっくり」を組み合わせる

♣「間」を取らないと「速い」

　カンタンなことなのですが、ほとんどの人が見過ごしています。「速い」話し方とは「『間』を取らない話し方」のことです。

　次の一文を一気にいってみてください。息継ぎをしないで、です。

　「ものすごく大事なことですからこれから私が申し上げることをよくお聞きください」。

　どうですか。言い方のスピードが速くなるでしょう。

　「間」を取らないと、話し言葉というものは速くなるのです。

♣「間」を取ると「ゆっくり」

　逆に、「間」を取ると話し方は「ゆっくり」になります。
　次の一文をさっきと同じ調子で、しかし「、」のところでしっかりと休みながらいってみてください。
　「ものすごく、大事な、ことですから、これから、私が、申し上げる、ことを、よく、お聞き、ください」。
　どうですか。比較にならないくらいスピードが落ちたでしょう。
　「間」を取ると、話し言葉というものは「ゆっくり」になるのです。

♣「速い」と「ゆっくり」の絶妙な組合せが「聞かせる話術」をつくる

　先にもお話しましたが、ここは聞かせたい、この言葉はなんとしても相手に確実に届けたい、というときは「間」を取って「ゆっくり」いうことが大切なのですが、「ゆっくり」ばかりだと話が間延びしてしまって、飽きられて聞いてもらえなくなります。
　そこで、「速い」と「ゆっくり」を上手に組み合わせることが必要になってきます。でも、それは「マシンガントーク」と「スロートーク」を交互にやれ、ということではありません。
　普通はふだんどおりの話し方でよいのです。ここぞというところに来たら、グッと速度を落とせ、ということです。そして、速度を落とすというのは「間」を取れ、ということです。

♣「速い」と「ゆっくり」組み合わせの実例

　次の文章を、あなたのいつもの速度で声に出して読んでみてください。
　「こんにちは。今日はわざわざおいでいただきまして、本当にありがとうございました。これから、当社の新製品『マルチノートパソコン・ユニヴァーサル２』を使った動画編集講座を開催させていただきます。『ユニヴァーサル２』は従来の２倍の速度で動画を処理できる機能を搭載し、操作方法も『ユニヴァーサル１』に比べますと一段とカンタンになっています。もちろん、みなさまが編集された動画は、記念としてDVD-Rに保存してお持ち帰りいただきます。短い時間ではありますが、どうぞお楽しみになってください」。
　これは、普通の話し方を想定して書かれた文章です。メリハリがないですね。
　次は、「速い」と「ゆっくり」を組み合わせた文章です。同じ調子で読んでください。
　「＜速い＞こんにちは。・・・（１秒）今日は、わざわざおいでいただきま

して、本当にありがとうございました。・・・（1秒）＜ゆっくり＞これから、当社の、新製品、『マルチ、ノート、パソコン、ユニヴァーサル、2』、＜速い＞を使った動画編集講座を、開催させていただきます。・・・（1秒）＜ゆっくり＞『ユニヴァーサル2』は、従来の、二倍の、速度で、動画を、処理できる、機能を、搭載し、操作方法も、『ユニヴァーサル1』に比べますと、一段と、カンタンに、なっています。・・・（1秒）＜速い＞もちろん、みなさまが編集された動画は、記念としてDVD-Rに保存して、お持ち帰りいただきます。・・・（1秒）短い時間ではありますが、どうぞお楽しみになってください」。

　おわかりですよね？　聞かせたいところは「ゆっくり」、あとのところは「速い」で行くのです。

　セールストークやお客様との会話に際しては、大事なところで「ゆっくり」を実践してください。「あなたの話はとてもわかりやすい」といわれ、売上は間違いなく伸びていくでしょう。

❺ 「呼吸」の取り方

♣呼吸の取り方で印象が激変

　呼吸とは、相手と会話するときにこちらのセリフをいつ言い出すか、ということです。この呼吸を緩急自在に操ることができると、あなたの印象はガラッと変わります。

　よく、相手の発言が終わると間髪を入れずにしゃべり出さないと気がすまない人って、いますよね。そういう人は、どういう印象を持たれますか。「我を張る人」「気が強い人」「自分勝手な人」と思われるのではありませんか。

　一方、逆に、相手の話が終わってもすぐに話し出せない人というのも考えものです。いつもワンテンポ遅れないとしゃべれないのです。相手が短気な人だとじれったくなって、腹を立ててしまうでしょう。そういう人は、どういう印象を持たれますか。「頭の回転が遅い人」「反応が鈍い人」「自主性に欠ける人」ではありませんか。

　人と対面して仕事をする人間が、こういった印象を与えてしまっては大失敗です。「我の強い人」や「消極的な人」を好きな人は、まずいません。ですから、人はそういう人から何かを買う気にはなりません。人は、自分が好

きな人からモノを買いたいのです。

　近所のスーパーで買い物をするときですら、知らず知らずのうちに自分が好きなスタッフのレジに並んでいたということはありませんか。

　では、どうすればいいのか、です。

♣呼吸は「押す」と「引く」

　人間は、1つのことをずうっと続けるのが大の苦手です。機械にはそれができますが、人間はダメです。ときどき正反対のことをして気分を変えないと、能率が落ちます。"苦あれば楽あり"ですね。

　ですから、会話をするときも同じ呼吸をずうっと続けていると、話の中身に対する興味が俄然なくなっていきます。そこで、その呼吸を調節していかなければならないのです。

　相手の発言が終わるとすぐにしゃべり出す呼吸は、いってみれば「押す」、相手の話が終わってもすぐに話し出さない呼吸は「引く」、といえるでしょう。

　この「押す」と「引く」を使い分けましょう。

♣「押す」と「引く」使い分けの実例

　例によって、次の会話文をあなたのいつもの調子で声に出して読んでみてください。山田さんが売る人、田中さんがお客様です。

【普通の呼吸法での会話】
山田「ご用命のパンフレットをお持ちしました」
田中「ありがとうございます」
山田「ご覧ください。こちらが、新発売の『マルチノートパソコン・ユニヴァーサル2』です」
田中「ほう」
山田「従来の2倍の速度で動画を処理できる機能を搭載しております」
田中「動画の処理ですか」
山田「はい。編集です。田中さまのお仕事で威力を発揮すると思います」
田中「他に、今までのと、どう違うんですか」
山田「はい。操作方法が『ユニヴァーサル1』に比べますと一段とカンタンになっております」
田中「この写真の、このアイコンはなんですか」
山田「実はそれがこのノートの目玉でして、ユニヴァーサル・ユニットと申します」
田中「ほう。なんですか、それは」
山田「動画編集がカンタンにできるソフトです」
田中「それが内蔵されているんですか」
山田「はい。そのとおりです」。

これは、普通の「呼吸」を想定して書かれた会話文です。「押す」も「引く」もなく、小学生の学芸会のような調子で、ただセリフをやりとりしているだけです。これではいけません。
　では、山田さんのセリフだけを、「押す」と「引く」の「呼吸」と、それに「間」を加えて加工してみましょう。指定されたとおりに、声に出して読んでください。

【呼吸と間を加えた会話】
山田「ご用命のパンフレットを、お持ちしました」
田中「ありがとうございます」
山田「①（間髪を入れず：押す）ご覧ください。②こちらが、新発売の、『マルチノートパソコン、ユニヴァーサル２』、です」
田中「ほう」
山田「③（１秒おく：引く）従来の、２倍の速度で、動画を、処理できる機能を、搭載して、おります」
田中「動画の処理ですか」
山田「④（間髪を入れず：押す）はい。編集です。田中さまのお仕事で、威力を発揮する、と思います」
田中「他に、今までのと、どう違うんですか」
山田「⑤（間髪を入れず：押す）はい。操作方法が、『ユニヴァーサル１』に比べますと、一段と、カンタンに、なっております」
田中「この写真の、このアイコンはなんですか」
山田「⑥（１秒おく：引く）実は、それがこのノートの、目玉、でして、ユニヴァーサル・ユニット、と申します」
田中「ほう。なんですか、それは」
山田「⑦（１秒おく：引く）動画編集が、カンタンにできる、ソフト、です」。
田中「それが内蔵されているんですか」
山田「⑧（間髪を入れず：押す）はい。そのとおり、です」。

　いかがですか。　指定どおりに読めましたか。
　では、解説しましょう。
　①（間髪を入れず：押す）は、お客様の意識を商材にパッと向かせたいので、パンフレットを渡したら即座に「ご覧ください」といいます。
　そして、②からは「間」を取って商品の名前がお客様に確実に届くように「ゆっくり」と話します。
　③（１秒おく：引く）は、（間髪を入れず：押す）をやると押し付けがましくなってしまうので、あえて余裕を持ってゆったりと説明に入るために「ひと呼吸」置くのです。で、説明ではやはり「間」を取ってすべての言葉がお客様の耳に届くようにします。
　④（間髪を入れず：押す）は、お客様が「動画の処理ですか」と商品の機能についての具体的な質問をして興味を示したので、その気持ちをつかまえ

て離さないようにするために、すぐに「はい」と返事をするものです。続く言葉は、お客様における商品の利用価値の高さについての発言ですが、それはお客様自身も十分想像できつつある内容ですので、あまり「間」を取って話さなくてもよいでしょう。

　⑤（間髪を入れず：押す）は、お客様が「他に、今までのと、どう違うんですか」と、商品に対してさらに強い興味を示しましたので、やはりその気持ちをつかまえて離さないようにするために、すぐに「はい」と返事をするものです。続く言葉は、④のときとは違ってお客様が初めて聞く商品の「売り」になる部分ですから、十分「間」を取って「ゆっくり」話します。

　⑥（1秒おく：引く）は、この直前にお客様が「この写真の、このアイコンはなんですか」と商品へのいっそう強い興味を示したものの、ここで（間髪を入れず：押す）をやってしまうと、針に食いついた魚を一気に釣り上げようというような空気を感じさせて品位をおとしめてしまうので、やはり余裕を持ち、満を持して「ゆっくり」と説明します。

　⑦（1秒おく：引く）もまた、⑥と同じ理由からそうします。

　⑧（間髪を入れず：押す）は、「とどめ」です。お客様の気持を瞬間的に決定させてしまうために、二度にわたって引いておいて引いておいて、今度は一気に「押す」のです。

♣「押す」ばかりだと逃げられる

　「押しの一手」という言葉がありますが、人との会話で「押し」てばかりいると相手は疲れて、やがて話題への興味を失います。特に若いうちは体力がありますから、がむしゃらに突き進めばなんとかなるだろうという意識もあって、とにかく「押す」ことしかできない人が多いと思います。

　「押す」と相手は緊張します。緊張は疲労を生みます。疲労したら休みたくなります。それなのに、さらに追い打ちをかけるようにまた緊張を強いられたらどうでしょう。逃げたくなるでしょう。ですから、「押す」だけでは絶対にダメなのです。

　童話『北風と太陽』と同じです。猛烈な風を吹き付けられても、人間は抵抗するだけです。緊張をほぐし、温かい日差しに包まれてリラックスしたときにこそ、心を開くのです。

♣「押し」たら必ず「引く」

　人は緊張とリラックスのどちらが好きかというと、間違いなくリラックス

のほうです。しかし、リラックスが延々と続くと集中力が全くなくなり、気力も衰えて何もする気がなくなってしまいます。そこに、ときどき緊張が与えられるとバランスが取れて頭もよく回転するようになるのです。

この「ときどき与えられる緊張」が、いわゆる「適度な緊張」です。そこで、お客様をいつもこの「適度な緊張」状態に置いておくことが大切なのです。そのためには、お客様をけっして疲れさせないことと、逆にリラックスさせすぎないことを心がけなければなりません。

「押し」たら必ず「引く」ことです。それも、どちらかというと「押す」を少なめにして「引く」を多くしたほうがよい、と思います。リラックスしているところへ、要所要所で緊張が与えられるとそれがいっそう敏感にとらえられ、良い反応を起こさせるからです。

❻まねるは学ぶ：西田敏行さんの「絶妙な呼吸」

♣「押す」と「引く」の奇跡的な配合

映画『釣りバカ日誌』シリーズで知られる俳優・西田敏行さんは、セリフの「呼吸」にかけては天才的です。

お若かったデビュー当時から、それは全くといっていいほど変わっていませんので、西田さんの「呼吸」は天賦の才能だと思います。

普通の役者さんでも、「押し」て「押し」て「押し」たかと思ったら、次の瞬間にストーンと「引く」ということをやるものですが、西田さんの場合は「押し」ている最中にも突如として半分「引い」たり、わざと相手のセリフがまだ終わらないのに激しく「押し」たり、正に「押す」と「引く」のバランスが奇跡的なまでに絶妙なのです。

♣「押す」べきところで「引く」と、人は引きつけられる

思うに、西田さんの「呼吸」は「逆説的呼吸」といえるでしょう。

自説を盛んに主張するセリフを繰り返すときも、本来ならすべてのセリフを相手のセリフが終わるや間髪を入れず鋭く発する（押す）べきところを、あるとき突然セリフの冒頭に「間」を空けて一瞬「真空状態」を作り（引く）、再び猛然とセリフをしゃべり始めるのです。その「呼吸」は神業です。

これをやられると、観客の五感は西田さんの演技に釘づけになります。

連続して「押し」ている中、瞬間的に「引く」を入れると、相手はまるで磁石で吸い付けられたかのように話し手に引きつけられるのです。

♣「引く」べきところで「押す」と、強烈な印象を残す

　また、西田さんは、相手のセリフの後で「間」を置いてしゃべる（引く）ほうがよいのではないかと思われるとき、逆に相手がまだセリフを言い終わらないうちにどえらい大声で絶叫する（押す）ことがあります。

　やって良い場合と悪い場合がありますが、これが場面と役柄にピタッと適合すると観客に強烈な印象を与えます。

　日常、相手に自分を印象付けたいとき、「引く」べきところでちょっと「押し」てみるとよいと思います。むろん、相手に失礼のない範囲でです。

♣とにかく相手をよくみること

　西田さんの「絶妙な呼吸」は、相手の役者をよくみるところから出発しています。ここでこういう押し方をしたら相手はこう来るだろう、とか、こちらがこう引いたら相手はこういう具合に出て来るだろう、ということを瞬間的に計算しているのです。

　これを上手にお客様に対してできるようになったら、効果は抜群です。お客様はあなたの魅力のとりこになって、すばらしいお得意様になってくれるでしょう。

　しかし、その基盤としてはまずお客様をよく知ること、販売の現場ではお客様をよく見ることが肝心です。よく知っているお客様なら、ちょっとした視線の動かし方や表情の変化1つで、今どういう気持ちでいるのかが察知できるようになります。それを読んだ上で「押す」と「引く」を臨機応変に使っていくのです。

　初めてのお客様の場合は、よく見ることの一語に尽きます。相手をよく見て、気持ちの変化に応じた最も効果的な働きかけをしていくのです。

♣台本どおりだけではいけない

　西田さんの演技は、ときとして台本から逸脱することがあります。こうしたほうがよいと思ったとき、どんどんアドリブでセリフをはさみこんでいくのです。

　お客様に対するときも、今これをこういう調子でいったら乗ってくるだろうと思ったら臆することなくやってみることです。それがお客様の波長とピタリと合ったら、大変な成果を生みます。

　もちろん、そのためにはお客様をよく見ておくことが先決です。

③ 言葉の「悪いクセ」をなくそう

Point
- ♣自分では気付いていない言葉の「悪いクセ」です。
- ♣言葉の「悪いクセ」は、相手に悪い印象を与えています。
- ♣スピーチを聞き合って言葉の「悪いクセ」をチェックします。
- ♣変なアクセント、ハッキリしない発音はありませんか。
- ♣いつもいってしまう言葉はありませんか。
- ♣「おなじみフレーズ」で人気は、林家木久扇さんの「ヤーネー」です。

❶自分では気づいていない言葉の「悪いクセ」

♣自分の言葉の「悪いクセ」に気づいている人は、まずいない

　言葉の「悪いクセ」とは、なんでしょう。

　国籍不明のアクセントです。さっぱり聞き取れない発音です。いつも使ってしまうワンパターンの言葉遣いです。

　先に説明しましたように、アクセントは、それが個性として好感をもって受け入れられているのなら結構です。発音もごくごく一部の音だけが少々不明瞭だという程度なら、「ゆっくり、ハッキリ」を心がけていけば問題はありません。ワンパターンの言葉遣いにしても、それがその人のトレードマークになって好かれている、というのならばむしろ歓迎すべきです。

　ところが、自分が言葉の「悪いクセ」をたくさん持っているのにもかかわらず、それに気づいている人は、まずいないといってよいでしょう。なぜなら、もし気づいていればとっくに直しているからです。直せていないということは、気づいていないのです。

♣言葉の「悪いクセ」は悪印象のもと

　他人は、言葉の「悪いクセ」について教えてくれません。いうと相手が怒ると思っているからです。また、それによってその人との人間関係にヒビが

入るのを恐れるからです。

しかし、言葉の「悪いクセ」に対しては確実に悪い印象を抱いています。良い印象を持っていれば、お世辞でもほめてくれるはずです。

現代人は、相手の短所を面と向かって指摘しないものなのです。

❷3分間スピーチで「悪いクセ」を発見

♣2人一組、テーマは自由

スピーチをお互い聞き合って、相手の「悪いクセ」を指摘しましょう。

まず2人ずつのペアをつくってください。このとき、年齢差はなるべく大きく、そしてできれば異性同士を組み合わせるようにしてください。年代や性別が違うと生育環境や価値観が異なりますから、「これは直したほうがよい」と思うものが同年代の同性に比べて格段に多くなり、効果的なのです。

また、その職場の顧客と同じ年齢層、性別の同僚を選んでチェックしてもらうという方法もよいと思います。もちろん、その人もまたチェックを受けます。

スピーチは3分間、テーマは「趣味」「スポーツ」「仕事」「家族」「勉強」「世相」となんでも結構ですが、2人が共通して理解できる内容を、お客様の前で話すように敬語でスピーチします。

♣「悪いクセ」と「良い特徴」の両方を指摘

2人が向き合ってイスに座ってスピーチをします。聞く人は気づいたことをメモしながら聞きます。そして、2人続けてスピーチを行い、終わったら1人ずつ相手への感想を述べます。メモを本人に渡してもよいでしょう。

このとき言葉の「悪いクセ」を指摘するのですが、それと同時に言葉の「良い特徴」もあげましょう。自己改革の方法だとわかっていても、悪いところばかりをいわれると、人間、いい気持ちはしません。いっしょによいところをいわれれば、短所を前向きに改善していこうという気にもなるものです。

「良い特徴」としては、声が大きくてよく聞こえる、声の出し方が柔らかくて好感が持てる、やさしい言葉で話すのでわかりやすい、説明が上手で情景が目に浮かぶ、ときどき故郷のアクセントが出るが親しみやすく感じる、などといったことがあがってきそうです。

些細なことでも結構ですから、少しでも「良い」と思ったらメモして教えてあげましょう。そして、ほめるのです。これが短所改善の原動力になっていきます。

一方、「悪いクセ」を指摘するときは相手を傷つけないように、客観的事実のみを淡々と伝えましょう。そして、改善案を共に考えていくのです。

❸「変なアクセント」「不明瞭な発音」を直す

♣アクセントによって意味が変わる言葉は正確に

同じ音でもアクセントが変わると全く別の意味になってしまう言葉（同音異義語、同訓異義語）は、特に正確にいわないととんでもない誤解を生むもとになります。

例をあげておきますので、次のような言葉のアクセントが曖昧な人は『NHK編・日本語発音アクセント辞典』を参照して、標準語のアクセントをマスターしてください。

【数字記号の意味】
①第一音が高く、第二音は低い。
⑩第一音が低く、第二音は高い。
②第一音が高く、第二音以下はすべて低い。
⑳第一音が低く、第二音以下はすべて高い。
③第一音が低く、第二音と第三音が高く、第四音は低い。
④第一音が低く、第二音は高く、第三音以下は低い。

①秋／⑩空き、飽き　①朝／⑩麻　①医師、意志／⑩石
①神／⑩紙　①書く⑩欠く　①作、策／⑩柵　①汁／⑩知る
①錫（すず）／⑩鈴　①橇（そり）／⑩反り　①多岐／⑩滝
①天／⑩点　①樋（とい）／⑩問い　①二時、二次／⑩虹
①練る／⑩寝る　①脳／⑩能（能楽のこと）　①掃く／⑩穿く
①稗（ひえ）／⑩冷え　①不利／⑩振り　①変／⑩辺
①無垢（むく）／⑩向く　①召す／⑩雌（めす）
①訳（やく）／⑩役　①良い／⑩宵（よい）

②以上／⑳異常、異状　　②演技／⑳縁起　　②エンジン／⑳円陣、猿人
　②奥州、欧州／⑳押収、応酬　　②華僑／⑳佳境、架橋
　②兄弟／⑳強大　　②刑期、契機／⑳計器／⑳契機
　②後悔、航海／⑳公開、公海、更改　　②住職／⑳重職
　③船頭／⑳先導、煽動　　③仙人／⑳専任、先任
　②総長／⑳早朝、荘重　　②太陽／⑳大洋、大要　　②短調／⑳単調
　②中世／⑳中性、忠誠　　②電気／⑳伝記　　②当世／⑳統制、党勢
　②二本／④日本　　②拝啓／⑳背景　　⑳比況、秘境／④卑怯
　②法科、砲火／⑳放火　　②名士／⑳名刺、名詞
　②容姿、要旨／⑳用紙、洋紙、養子

♣苦手な発音に応じて練習しょう

　人によって、発音するのが苦手な音はいろいろあります。

　舌の長さや形、口の中の構造、歯並び、鼻の中のつくり、胸の中の空間の形などがそれらの原因です。一番よいのは苦手な音を出すのを避けることですが、仕事や日常会話の中ではそれは不可能でしょう。

　先にも説明したように「苦手な音は、ゆっくりハッキリいうことを心がける」ことが大切なのですが、それとは別に効果的な練習方法があります。

　44・45頁で紹介した「肺の中にまんべんなく吸い込んだ空気を、声帯にゆったりと通す」ことでできあがる「小さくても通る、余裕のある声」を使って練習すれば、少しずつですがいえなかった言葉がいえるようになっていきます。

　自分が苦手な音が入った文章を「小さくても通る、余裕のある声」で読んでください。大声で読む必要はありません。また、これは早口言葉ではありませんので「ゆっくりハッキリ」と読んでください。

♣苦手な音をどうやったらうまく出せるか、体で覚えましょう

　このトレーニングで大事なのは、今までうまくいえなかった音を少しでも上手に出せたら、そのときの舌の位置や口の動きをしっかりと記憶しておくことです。そして、それをより確実に再現できるようにしていくのです。

　第一に注意しなくてはいけないのは、直前の音の影響を後の音がもろに受けてしまわないようにすることです。要するに、あくまで一音一音を正確にハッキリ発音することです。

　練習を録音して自分で聞いたり、人に聞いてもらったりしてチェックしてください。何度もくり返していくうちに、必ず上達していきます。

　すでに説明した「『良い声』をつくる発声訓練」を併用しながら、このトレー

ニングを続けていってください。あなたの声は見違えるほど好感度をアップさせていくはずです。

❹「使いすぎるフレーズ」を自覚

♣いつも使ってしまう言葉を知る

　３分間スピーチで、自分が無意識のうちに頻繁に使ってしまっている言葉を教えてもらいましょう。次のような例が多いですね。

　話の初めに「えー」といわないとしゃべれない人。口調が一本調子である場合が多いものです。

　話の区切り目に「〜はですね、〜をですね、〜にですね」を入れないとダメな人。話し好きなのですが、要点をまとめるのがヘタです。

　何かにつけ、言葉の合間に「ちょっと」を連発する人。これはもう、聞き苦しいですね。

　つなぎ言葉がほとんど「ところが」だけの人。逆接ではないところにも「ところが」を使うので、話全体の意味がわかりにくくなってしまいます。

　文の終わりがいつも「〜なんですよ」「〜じゃないですか」の人。話が押し付けがましい印象を与えます。

　とにかく「〜と思います」で文を結ぶ人。自信のなさを感じさせてしまいます。

　「私は」で始まって「〜と」で終わる人。話の最初と最後がきちんとつながっていないことが多いですね。

　「徹底的に」とよくいう人。我が強い人と思われがちです。

　他にも、人によって話し癖というのはさまざまです。それが聞き手に少しでも不快感を抱かせるとしたら、一刻も早く取り除きましょう。コミュニケーションづくりにとって"百害あって一利なし"です。

♣好感を持たれる「決まり文句」なら大歓迎

　逆に、あなたの「お決まりフレーズ」が「楽しい」「面白い」と受け止め

られているのなら、大いに結構。話術のスパイスとして活用しましょう。

ただ、使いすぎて「鼻につく」と思われないように注意してください。

あるOLが書いたコラムで、怒るとすごく厳しくて怖いが説教の後で微笑みながら必ず「ねっ」という上司がいて、この「ねっ」のおかげで自分はこのおじさんに付いて行く気になった、という文章を読んだことがあります。こういう「決まり文句」を手本にしたいですね。

❺まねるは学ぶ：林家木久扇さんの「ヤーネー」

♣面白い「決まり文句」で人気を得る

日本テレビの長寿演芸番組「笑点」の大喜利解答者・林家木久扇さんが答えによく使う「ヤーネー」という言葉をごぞんじですか。「屋根」と「いやあねえ」をひっかけたダジャレで、あまりにわかりやすいのでお客様のほうが先に答えてしまって爆笑を呼ぶのですが、実はお客様は木久扇さんが「ヤーネー」というのを待っているのです。

与太郎のキャラクターで売っている木久扇さんですが、どんな答えをいつ いうかについてはきちんと計算しています。ですから、いつもの「ヤーネー」が出るとお客様は喜び、それを自分も口に出して共有することでいっそう喜ぶのです。好感を持たれる「決まり文句」の手本といえるでしょう。

言葉というものは、絶好のタイミングで気のきいたものを打ち込むと見事に決まります。見事に決まると、相手は喜びます。相手がどんなシチュエーションでどんな言葉を喜んだかを覚えておいて、同じような場面が来たとき、その言葉をまた使ってみるのです。

そこでヒットすれば、その言葉はあなたの「決まり文句」となります。そして、決まり文句は、あなたの人気を高めます。もちろん、噺家ではないのですから、ダジャレではいけませんが。

♣複数の「決まり文句」を使い分ける

木久扇さんは、この他にもいくつもの「決まり文句」を持っています。

早口言葉を借用した「新春シャンソンショー！」、花魁（おいらん）言葉が面白い「ここで会（お）うたも何かの縁、遊んで行ってくんなまし」、持ち歌を歌う「いやん、ばかん、あはん、そこは◯◯◯なの、あはん」、往年

の時代劇スターの声色で演じる「せっしゃ、早乙女主水之介（さおとめもんどのすけ）・・・」、悪役俳優の声で言い放つ「かまうこたあねえ！　野郎ども、たたっ斬れ！」などです。また、師匠の故林家彦六さんの口まねで答えをいうというパターンもあって、フレーズの豊富さではメンバーの中で群を抜いています。そして、それらを適切に配分して答えをつくっているのです。

　木久扇さんのように、いくつものフレーズを貯え場面に応じて使い分けることができるようになれば、あなたの話し方は、常に人の期待に応え得る、魅力的なものになっていくでしょう。

♣人気者には「決まり文句」がつきもの

　木久扇さんの他にも、面白い「決まり文句」で有名になった芸能人は数多くいます。

　「ごめんくさい」「君たちがいて、ぼくがいる」のチャーリー浜さんや、「ごめんください。どなたですか。桑原の和子と申します」の桑原和男さんなど、吉本系の役者さんたち、堺すすむさんの「ナ〜ンデカフラメンコ」、往年の漫才コンビ・故星セント＆ルイスさんの「田園調布に家が建つ」、玉川カルテットさんの「わたしゃ、も少し背がほしい」、牧伸二さんの「あ〜、やんなっちゃった」、B＆Bの島田洋七さんの「もみじまんじゅう！」、映画評論家・故淀川長治さんの「サヨナラ、サヨナラ、サヨナラ」、同じく故水野晴郎さんの「いやあ、映画ってほんとにいいもんですね」、テレビ映画の作中人物ですが刑事コロンボの「うちのカミサンがね」など、その一言を聞いただけで誰だかわかる強烈なフレーズをみなさんお持ちです。

　一般人でもこれを見倣って実践している人は、実はけっこういます。

　お得意先の飲食店に、いつでも「え〜、ハムはいかがですか」といいながらノッソリと現れるハム屋さんの社長。

　修理が終わって帰るとき、なぜか必ず「お願いいたします」といって去って行く電気屋さんの店主。

　「気を入れときました」といってお客様に品物を渡す豆腐屋さんの奥さん。

　あなたも、お客様の心に迫る「決まり文句」を創造してください。

　あいさつをアレンジするとカンタンに「決まり文句」がつくれます。「おはようございます」や「こんにちは」の後にいつも「ありがとうございます」をつけてみるとか、別れ際に必ず「ありがとうございました。助かりました」といってみるとか。とにかくお客様の印象に強く残るキャッチフレーズを考えましょう。

④ 「良い声」を保つには

> **Point**
> ♣ 声帯が疲れたら、思いどおりの声が出なくなります。
> ♣ 声帯が疲れたら「温める」「湿らせる」「休ませる」です。
> ♣ 声帯を病気にするのは「乱用」「緊張」「ショック」です。
> ♣ 声帯をダメにするのは「冷やす」「乾かす」「酷使する」。
> ♣ 声の大敵は「精神の不安定」と「体調不良」です。
> ♣ 声楽家の秋川雅史さんもやっている声の守り方を学びましょう。

❶声帯が疲れたら、どうなる

♣「良い声」は「健康な声」

からだの調子が良いということは、健康だということです。声帯も同じで、声の調子が良いということは、声帯が健康だということです。

では、声の調子が良いというのはどういうことなのかというと、発声練習をした後、思いどおりの声が出せるという状態のことです。

筆者も人前で話すときには事前に発声練習をしますが、調子が良いとうれしくて思わず声楽曲を大きな声で歌ってしまいます。からだもそうです。体調が良いと、駅の階段を勢いよく駆け上がったり、横断歩道を小走りで渡ったりするでしょう。あれと同じです。

声の調子は、思いどおりの声が自由に出せるかどうかでわかるのです。

♣「声帯疲労」に注意しないと声帯は病気になる

声帯が疲れると、思いどおりの声が自由に出なくなります。それなのにムリして声を出し続けていると、声帯はだんだん弱っていって炎症を起こしたりして、最悪の場合は病気になってしまいます。

ですから、極力声帯が疲れないように使っていかなければならず、そこで先に説明した発声訓練などが非常に重要になってくるわけです。訓練をしな

がら正しい発声をしていれば、声帯に過重な負担がかかることはないからです。
　そんな声帯との付き合い方について、これから説明していきましょう。

♣声帯が疲れたら「低い声」が出なくなる

　声帯の機能を調節しているのは筋肉なのですが、声帯が疲れてくると、この筋肉の部分が硬直して小さく縮まってしまいます。その結果、どうなると思いますか。低い声が出なくなるのです。
　声帯は、そこを空気が通り過ぎるとき自らを振動させて声を出しますが、声帯自体の形が小さくなるので、低い声が出なくなってしまうのです。
　弦楽器を思い浮かべてみてください。大きなコントラバス（ベース）は低い音を出しますが、小さなヴァイオリンは高い音を出します。つまり、大きくて弦が長い楽器は低い音、小さくて弦が短い楽器は高い音なのです。
　声帯も疲労によって筋肉部分が縮むと声帯全体も小さくなり、低い音が出なくなってしまうというわけです。

♣声帯が疲れたら「しわがれ声」になる

　低い声が出ない状態からいっそう疲労が増すと、空気が通っても声帯がほとんど振動しなくなり、しわがれ声になってしまいます。いわゆる「声が枯れた」状態です。
　こうなると「高い声」も「低い声」もあったものではなく、その人本来の声の質など全く聞き取ることができませんから、声だけを聞いていると誰だかまるでわからないということになって、コミュニケーション上、重大な支障をきたします。

♣声帯が疲れたら「声が出なくなる」

　さらに疲労が重なるとどうなるでしょう。声が出なくなります。何をどうやっても、です。
　そして、注意しなくてはならないのは、「低い声」が出なくなってから全く声が出なくなるまでに大して時間がかからないことがままある、ということです。急な大声を出し続けた場合が最短で、4〜5分とかからないでしょう。
　これから大事な商談があるなどという日は、急な大声は絶対に禁物です。ここ一番というときに会話不能になってしまっては、お手上げですから。

♣声の「乱用」「緊張」「ショック」は発声障害のもと

　この他に、声が出なくなる症状がいくつもあります。「声の乱用」「神経緊張」「突然の恐怖などのショック」が主な原因です。

❷声帯が疲れたら、こうしなさい

♣声帯が疲れたら「温める」

　からだというものは温めると血行がよくなります。前述のように、声帯が疲れると筋肉部分が固まってしまうのですから、温めて血行を良くすればその筋肉がほぐれてやわらかくなり、また動くようになるのです。

　冬に、暖房のきいた部屋の中ではよく声が出たのに、寒い屋外に出たら声が出にくくなったということはありませんか。それは、逆にノドを冷やしたからなのです。

　ですから、声帯が疲れたなと思ったらノドを温めることです。

♣声帯が疲れたら「湿らせる」

　やはり湿度を与えると、硬直化した筋肉は弾力を取り戻しますので、声帯疲労には湿らせるというのも効果があります。

　したがって、空気が乾燥する季節とか、エアコンで湿度が失われた室内などでは、加湿器を使って湿度を上げることが必要です。

　「温める」と「湿らせる」を同時にできる「ゆっくりと入浴する」という方法は、心身ともにリラックスできるという点でも大変に有効です。声の大敵「緊張」を取り除くのです。

ところで、役者さんたちは舞台公演の出番終了後、決まって風呂に入ります。ですから、大劇場には例外なく浴室がついています。舞台で動き回ってかいた汗を洗い落とし、疲れたからだをほぐすためなのでしょうが、筆者は、これはセリフをしゃべって酷使した声帯のためにも非常によいことだと思います。芝居の関係者は、そのへんのことを十分承知の上でこういう習慣をつくったのでしょう。

♣声帯が疲れたら「休ませる」

　しかし、疲労には休息が一番です。健康ならば、疲労は休めば取れます。声帯を休ませる、つまり声を出さないことです。

　また、ストレス（緊張）もまた声を阻害する大きな一因なのですから、心とからだ全体をも休ませることが望まれます。

❸声帯をダメにする方法

♣「冷やす」と声帯はダメになる

　要するに「声帯が疲れたら、こうしなさい」と反対のことをやると、声帯はノックダウンなのです。

　その1番目は「冷やす」です。寒い季節、外に出るときはノドの防寒対策を万全にしてください。夏の冷房にも大いに要注意です。スカーフなどを首に巻くとよいでしょう。特に最近は電車の中の冷房が強いですから、ノドに自信のない人は弱冷房車に乗りましょう。

　また、声帯は温度の急激な変化にも弱いので、反対に、涼しい部屋から急に暑い屋外に移動するときにも、やはり室温になじんだスカーフのようなものを首に巻いて、体全体が暑さに慣れたところで取るようにするとよいと思います。

　雪が降るような寒い野外に出るときは、マフラーが不可欠です。ノドの調子がよくない場合は、マスクをして自分の呼気でノドを温めましょう。

♣「乾かす」と声帯はダメになる

　2番目に、声帯は「乾燥」もとても苦手です。暖房が利きすぎた部屋に長くいて、ノドが痛くなった経験はありませんか。空気が乾く冬、わけもなくノドがザラザラしたような感じがしたことはありませんか。声帯が乾燥にマイッているのです。

　そんなときは、やはりマスクをすることをおすすめします。そうすると、吐いた息がマスクのおかげで水蒸気となって鼻から吸い込まれ、気管を湿らせてくれるので声帯のためにとてもよいのです。

♣「酷使する」と声帯はダメになる

　3番目としてあげますが、声帯にとって最もいけないのが「使い過ぎ」です。わけても、正式な訓練を受けていない人がムリな発声でしゃべり続けると、しまいには声帯を傷め、病気にしてしまいます。

　声帯をたくさん使ったなという日は、前述したような方法でゆっくりと休ませてください。

　それから、いうまでもないことですが、声を出すときは先におすすめした「良い声」で話すようにしてください。声帯の疲れ方が、天と地ほど違います。

♣「精神の不安定」は声を悪くする

　精神的に安定を欠いていると、声が出にくくなります。

　声というものは大脳が命令を出して初めて発されるのですが、精神が不安定な状態にあると、その命令が滞ったり停止したりしてしまうことがあるのです。

　どこか精神的に問題を抱えていて気持ちのよい発声発音ができている人は、まずいません。そういう人の声は、聞き取りにくかったり大きすぎたりするものです。

　ですから、常に気持ちを平静に保ち、悩み事や気がかりなことは適切に片付けておくようにすることが大切です。夫婦、家族、近隣住民、職場の同僚、上司などとの人間関係も良好にしておくことです。

♣「体調不良」も声に悪影響を及ぼす

　体の調子は声にすぐ出ます。体調管理には万全を期しましょう。

　筆者も、人前でイタリアの歌曲を歌わなくてはならないのに、直前のレッスンでどうしてもフォルテ（強音）とクレッシェンド（だんだん強く歌う）

が出なくて途方に暮れた経験があります。

　今思うと、あのときは胃腸の調子を崩していたのでした。体調の快復に努めた結果、本番ではなんとか思うように声が出てことなきを得ましたが、内心は冷や汗ものでした。

　もう1つ、今は亡きあるベテラン声優さんのエピソードです。

　彼は、深夜のFM放送で永らくナレーションを務めました。その美しく正確な発音発声はまことにすばらしく、今でも業界の語りぐさになっているばかりか、若い声優さんたちのお手本として録音が活用されているようです。

　27年間出演したその番組を降板する際、彼は「納得できる声が出せなくなった」と語ったそうです。番組を降りた翌年、彼は帰らぬ人となるのですが、死因は食道ガンでした。ガン発覚から10か月間は、治療を受けながら収録したそうです。

　しかし、病気が彼の声を変えてしまったのです。それがプロとして許せなかったので、ライフワークだった仕事から身を引いたのでした。ガンと闘いながらプロの声を保つのは至難の業だったことでしょう。

　大病をしたら声質が全く変わってしまう人もいます。病気で体の形が変われば、声も変わります。日頃から健康を心がける生活をしましょう。

❹まねるは学ぶ：秋川雅史さんもこうしている「声楽家の声の守り方」

♣とにかく「湿度」を保つこと

　秋川雅史さんの「千の風になって」が大ヒットしたおかげで、クラシックの声楽に注目が集まるようになって、喜んでいるのですが、極めて高品質の声を仕事の道具に使っている声楽家の人たちは、自分の声を守るために涙ぐましい努力をしています。たぶん、秋川さんもいろいろと実践されているはずだと思います。

　声楽家が必ずやるのは居住空間の湿度管理です。加湿器がなかった頃は大変で、ヨーロッパのオペラ歌手が日本のホテルに泊まったとき、部屋のエアコンに濡れた新聞紙を貼り付けたとか、ひどい場合は、高級ベッドのウレタン部分を水浸しにして部屋の中央に放り出した、などということを聞いたことがあります。

　向こうに比べて日本は湿度が猛烈に低いことが多いので、声楽家には苦労

が絶えないのです。

♣からだを鍛えること

　男性ばかりでなく女性の声楽家も、体力筋力の鍛錬には余念がありません。発声を司る呼吸器だけでなく、横隔膜、腹筋、背筋などがきちんとしていないとからだがまっすぐにならず、良い声が出ないのです。

　私たちはプロの声楽家ではありませんから、彼らが行っているトレーニングをすべて真似する必要はありませんが、ウォーキング、ストレッチ、ダンベル運動など、軽いものでいいですから、毎日少しずつ続けることをお勧めします。

♣ハチミツ＆レモンドリンクを飲む

　声が疲れたとき、これから歌わなければならないときに、声楽家はお湯にハチミツとレモン果汁を溶かしたものをよく飲みます。一般にキャンデーをなめるとよいと思っている人がいますが、それよりもホットドリンクのほうがノドを温めるので効果的です。

　また、適量を静かにゆっくり飲むならアルコールも良いようです。声帯の血行を良好にするからです。

♣節制を心がけ、ムリな声で話さない

　声楽家はからだが楽器ですから、そのからだを常に最高のコンディションにしておかないと仕事ができません。ヴァイオリンやピアノは専門家に機能を調節してもらえばよいのですが、からだは自分で管理するしかありません。

　ですから、声楽家はからだを鍛える一方で節制を心がけています。暴飲暴食を避け、ノドに悪影響を及ぼすことは絶対にしません。

　日本を代表する大ベテランのバリトン歌手の独唱会に行ったときのことです。ピアノの伴奏で数曲歌った後、舞台上で曲の解説をしてくださったのですが、マイクを使って話していらっしゃいました。800人入るホールじゅうに響き渡る声を今まで出していた人が、お話をするときにはマイクを使っているのです。おかしなものだなと思っていると、こうおっしゃいました。

　「話すときはムリな声を出したくないので、マイクを使わせてください」。

　この日のために最高のコンディションにしてあるノドを、ムリに力んだ声でしゃべって台無しにしては大変だ、というわけです。

　良い声のために、ふだんからムリな大声を出さないようにしましょう。

③ 「敬語」は、こうやって操れ！

　誰にでも使う丁寧語、自分が引き下がる謙譲語、相手を持ち上げる尊敬語を、対面で電話で縦横に駆使すれば、あなたの言葉は好感度抜群に！　３つの敬語の操り方を徹底的にお教えします。

1 敬語は3つの種類がある

> **Point**
> ♣敬語は侮れません。使えればすばらしく好印象に。
> ♣敬語は、3つあって使い分けるものです。
> ♣丁寧語は、誰にでも使ってよいものです。
> ♣謙譲語と尊敬語は、目上の人の前で使います。
> ♣謙譲語は、自分が引き下がります。
> ♣尊敬語は、相手を持ち上げます。

❶敬語で好感度アップ

♣敬語はむずかしいが、使えれば"好感度"アップ

　外国人が日本語を学ぶときに苦労するのが敬語です。日本語は英語などに比べて多くの点で文法上の決まりがゆるやかなので、それもむずかしいと思われる理由になるのですが、敬語も外国人にとってはそうとう手強いようです。

　その証拠に、日本人でさえ敬語をきちんと使えている人は非常に少ないと思います。正しい敬語を使えれば好感度アップは間違いなしなのに、です。

♣3つの敬語を使い分け

　敬語には、「丁寧語（ていねいご）」「謙譲語（けんじょうご）」「尊敬語（そんけいご）」の3つの種類があります。それぞれが異なった性質を持ち、異なった使い方をしますが、間違って使うと相手に対してとても失礼です。

　丁寧語が最もラクに使えますので、外国人もマスターできます。しかし、謙譲語と尊敬語の使い分けが厄介なのです。尊敬語でいわなければいけないのに謙譲語を使ってしまったり、その逆だったり、尊敬語を使いすぎたり、両方をメチャクチャに混ぜて使ったり、と誤った使い方は巷に溢れています。

　あなたの評価を飛躍的に上げるために、正しい敬語を学びましょう。

❷「丁寧語（ていねいご）」の使い方は

♣丁寧語はみんなに使う最低限の敬語

　丁寧語は「相手に対する敬意を表すために使う、丁寧な言い方をする言葉」です。「〜です」「〜ます」「〜ございます」「〜ください」などがそれです。

　使う相手は、目上、目下、同僚、どんな人でも結構です。

　筆者が通った小学校の先生は、幼い児童に対しても丁寧語を使って授業をしていました。文字どおり丁寧な時代でした。また、初対面の人、赤の他人と話すときは、大人なら例外なく丁寧語を使います。

　丁寧語は、自分から見て上司、部下、歳上、歳下、どんな相手にでも使える、最低限の敬語なのです。

♣丁寧語は「タメグチ」の反対

　丁寧語を一切使わないで話すことを、最近では「タメグチ」といいますが、相手がまだ自分に気を許していないなと感じたら、丁寧語で通しておくほうが無難です。でないと失礼なヤツだと思われて、人間関係がぶち壊しになります。外国人が日本語を話すとき、たいていは丁寧語でしゃべりますが、あれはこの点を意識しているのだと思います。

　丁寧語と「タメグチ」は両極だと覚えておいてください。

♣丁寧語だけが話せても失礼な場合のほうが多い

　日本人は、小学校高学年あたりから丁寧語を話せるようになります。しかし、実際の世の中では、最低限の敬語でしかない丁寧語だけでは間に合わない場面のほうがはるかに多いのです。

　よく中学生が教師に向かって「先生。今日、ぼくは部活で6時まで学校にいますが、先生は何時までいますか？」などといっていますね。本来ならばこれはずいぶんと失礼な言葉遣いでしょう。

　自分も「います」、目上に対しても「いますか」とは。本人は一生懸命に敬語を駆使しているつもりなのですが、使っているのが丁寧語だけなのでそれ以上の敬意を表現できないのです。

　そこで、謙譲語と尊敬語の出番となるわけです。

　では、謙譲語と尊敬語の使い方について、具体的に説明していきましょう。

❸「謙譲語（けんじょうご）」の使い方は

♣謙譲語は目上の前で「自分が引き下がる」言葉

　目上の人の前で自分の動作などを表現するとき、引き下がった、へり下った言い方に変える言葉が謙譲語です。謙遜した言い方ですね。

　これは自分だけでなく、自分の身内についても使います。この謙譲語というのは「謙譲の美徳」という言葉があることからもわかるように、謙遜することを美しいと考える日本独特の言葉です。間違っても相手の動作などに対して使ってはいけません。

　自分及び身内が一歩下がって相手を立てるのです。おおげさにいえば、これが上手に使えて初めて一人前の日本人として認知される、ということです。

♣謙譲語は覚えていくしかない

　謙譲語は、１つひとつマスターしていくしかありません。

　例えば、先ほどの中学生の教師に対する発言で「ぼくは部活で６時まで学校にいますが」といっているのは、「いる」に「ます」という丁寧語をくっつけているだけで謙譲語を使えていないから失礼なのです。

　そこで「いる」の代わりに「いる」の謙譲語「おる」を使い、これに丁寧語「ます」を付ければよいのです。「おる」は漢字だと「居る」と書いて、「いさせていただく」というような意味です。

　では、「おる」を使うとどうなりますか。

　「ぼくは部活で６時まで学校におりますが」になるでしょう。まあ、中学生がこんな言葉遣いをするとかえって不自然かもしれませんが、一般社会で目上に対するときは、「います」ではなく「おります」といわなければいけません。

　このように「存在する」の「います」は「おります」と言い換えるのがよいのですが、「待っています」の「います」のように動作などが継続していることを表す「います」も同様に言い換えます。ただし、その際は初めに「お」をつけて「お待ちしております」といいます。

♣謙譲語に言い換えてください

　そこでテストです。次の言葉を謙譲語に直してください。

【謙譲語へのいいかえテスト】

	ことば	謙譲語へのいいかえ正解
①	いう	①「申す」「申し上げる」 　もちろん「申し上げる」のほうがいっそう謙遜した言い方です。また、「お礼申し上げる」「お売り申し上げる」のように、「お〜申し上げる」の形で謙譲語をつくることができます。
②	買う	②「買わせていただく」 　「買う」には謙譲語がないので「〜（さ）せていただく」を付けます。「〜（さ）せていただく」は謙譲語がない言葉に付けて謙譲語をつくる言葉です。
③	食べる	③「いただく」「ちょうだいする」 　食事前にいう「いただきます」はこれです。会話で使うときは「ちょうだいする」でも結構です。
④	会う	④「お目にかかる」 　中学生にはいえない言葉ですね。
⑤	もらう	⑤「いただく」「ちょうだいする」 　「食べる」と同じ表現ですが、「食べる」という行為は食べ物を体が「もらう」のですから、同じでよいのです。
⑥	行く	⑥「うかがう」「まいる」 　「うかがう」は「伺う」、「まいる」は「参る」と書きます。
⑦	来る	⑦「まいる」 　これも「参る」と書いて、「行く」と同じ表現です。「行く」と「来る」という正反対の言葉が謙譲語になると同じ形なのですから、外国人にはむずかしいはずです。
⑧	する	⑧「いたす」「いたします」 　「致す」「致します」と書きます。いうまでもなく「いたします」の方がいっそう謙遜した言い方です。「お〜いたします」の形を取って「お持ちいたします」「お話しいたします」というように使うこともあります。
⑨	見せる	⑨「お目にかける」「ご覧に入れる」 　どちらでも結構です。
⑩	着る	⑩「着させていただく」 　「買う」と同じで「着る」には謙譲語がありませんので「〜させていただく」を付けます。
⑪	知る	⑪「存じ上げる」：「存じる」は「知る」の古い言い方で、これに「上げる」を付けると謙譲語になります。
⑫	見る	⑫「拝見する」 　拝むように見るということです。見る対象を神のように奉っているわけで、正に謙遜した言い方ですね。

⑬	住む	⑬「住ませていただく」 　やはり「住む」には謙譲語がないので「〜（さ）せていただく」を付けます。
⑭	座る	⑭「座らせていただく」「座を汚（けが）す」「末席（まっせき）を汚（けが）す」 　「座る」も同様に謙譲語がないので「〜（さ）せていただく」を付けますが、「汚す」を使っていい方もあります。「座」は「席」、「末席」は「下座（しもざ。地位が低い人が座る席。⇔上座（かみざ））」という意味ですから、この３つの言い方の中で最も謙遜度が高いのは「末席を汚す」です。

　いくつできましたか。実は同じテストを20代前半の若いスタッフを対象にしたセミナーでやってみたのですが、正答率は50％ほどでした。

♣「お〜申し上げる」使用上の注意

　「お〜申し上げる」は他の言葉に付けるだけで謙譲語をつくることができるので便利なのですが、もともと謙譲語がある言葉に使うことはできません。「お食べ申し上げる」「お会い申し上げる」「お行き申し上げる」「お知り申し上げる」というふうに、「食べる→いただく、ちょうだいする」「会う→お目にかかる」「行く→うかがう、まいる」「知る→存じ上げる」など、謙譲語がある言葉に使ってはいけません。

　特別なニュアンスをわざと感じさせたい場合以外は、その言葉に対応した正しい謙譲語を使うべきです。

　ちなみに「お〜申し上げる」の「お」は、漢字で書くと「御」です。

♣「〜（さ）せていただく」は使用範囲が広い

　「〜（さ）せていただく」は、謙譲語がある言葉に対しても使うことがあります。「いわせていただく」「食べさせていただく」「会わせていただく」などです。

　ただし、こういう場合は通常の謙譲語よりも表現が硬く感じられ、何か切り口上的なニュアンスを生みますから、多用しないほうが無難でしょう。

♣「謙譲語プラス謙譲語」は考えもの

　謙譲語をつくる「お〜申し上げる」と「〜（さ）せていただく」を、さらに謙譲語に対して使っている例がよくあります。

「お目にかからせていただく」「おうかがい申し上げる」「存じ上げ申し上げる」「拝見させていただく」などです。

これは江戸時代以前の古語にあった、貴族などの極めて高い地位にいた人に向けて使った「最高敬語」のなごりだと思います。2つ以上の敬語を重ねて使う方法です。

使う側の気持ちはわかりますが、こういうものは「過剰敬語」といって、特別な場合以外はやりすぎです。手紙文ならよいでしょうが、会話でこれをやるとずいぶん堅苦しくなってしまいますので、要注意です。

❹「尊敬語(そんけいご)」の使い方は

♣尊敬語は目上に対して使う「相手を持ち上げる」言葉

目上の人の動作などを表現するとき、相手を持ち上げていう言葉が尊敬語です。謙譲語が、自分の動作などに使って自分を引き下げるのと反対です。

尊敬語は、相手の動作などに使って相手を持ち上げるのです。間違っても自分や身内の動作などに使ってはいけません。

ただ、自分の親や上司を尊敬する人が誰かに彼らのことを話すときに尊敬語を思わず使ってしまったとしても、それはむしろ気持ちのよい例だと思います。時と場合によっては許されるでしょう。

韓国では両親に対して、または両親のことを人に話す際、敬語を使う習慣があると聞いたことがあります。また、関西出身のある若手俳優がテレビで、自分の下宿にお母さんが炊飯ジャーを「置いていかはった(置いておいでになった)」と尊敬語で話しているのを聞いて、なんだかうれしくなった覚えがあります。

でも、尊敬語は基本として自分や身内以外の相手の動作などについて使う言葉です。

♣尊敬語も覚えていくしかない

尊敬語もまた、1つひとつマスターしていくしかありません。

再び、先ほどの中学生の教師に対する発言の例で「先生は何時まで(学校に)いますか」といっているのは、「いる」に「ます」という丁寧語をくっつけているだけで尊敬語を使えていないから失礼なのです。

そこで「いる」の代わりに「いる」の尊敬語「いらっしゃる」または「おいでになる」を使い、これに丁寧語「ます」を付ければよいのです。

では、「いらっしゃる」または「おいでになる」を使うとどうなりますか？「先生は何時まで（学校に）いらっしゃいますか」または「先生は何時まで（学校に）おいでになりますか」になるでしょう。

一般社会で目上の人の動作をいうときは、「います」ではなく「いらっしゃいます」または「おいでになります」といわなければいけません。

こういう敬語ができないと中学生以下の人間だと思われて信用が落ち、仕事の面で大きなマイナスになります。しっかり勉強しましょう。

そこでテストです。先ほどと同じ次の言葉を、今度は尊敬語に直してください。

【尊敬語へのいいかえテスト】

	ことば	尊敬語へのいいかえ正解
①	いう	①「おっしゃる」 　「仰有る」と書きます。「仰せ有る（おおせある）」が変化した言葉です。「仰せ」とは「目上の人からの言い付け」ということですから、もともと「仰有る」は「目上から命令が下される」という意味だったのです。
②	買う	②「お求めになる」 　「求める」は「買う」の改まった表現です。これに「お～になる」を付ける形です。「お～になる」については後で解説します。
③	食べる	③「召し上がる」 　「召す」は何かを体に入れたり付けたりする行為を表す尊敬語で、「上がる」は「食べる」「飲む」を表します。
④	会う	④「お会いになる」 　「会う」には尊敬語がないので、「お～になる」を付けて尊敬語にします。
⑤	もらう	⑤「おもらいになる」 　同じく「もらう」には尊敬語がないので、「お～になる」を付けて尊敬語にします。
⑥	行く	⑥「いらっしゃる」「おいでになる」「お越しになる」 　「行く」の尊敬語のうち「いらっしゃる」「おいでになる」は、先ほどお話しした「いる」の尊敬語とまるっきり同じ形です。
⑦	来る	⑦「いらっしゃる」「おいでになる」「お越しになる」 　さらにややこしいことに、「来る」の尊敬語は「行く」と全く同じ形なのです。謙譲語も「行く」と「来る」が共通していましたが、尊敬語はこれに「いる」も加わります。つまり、「いる」「行く」「来る」の尊敬語は「いらっしゃる」「おいでになる」で「行く」「来る」に共通する尊敬語として「お越しになる」もある、と覚えておいてください。また、見てわかるように「おいでになる」と「お越しになる」も「お～になる」

		の1つです。 　「おいでになる」の「いで」は「出る」という意味の古語「いづ」が変化したものです。「見える所に出ている」、つまり「いる」というのがもともとの意味で、そこに動きの感覚が加わって「行く」と「来る」という概念まで含むようになったのではないでしょうか。「お越しになる」の「越し」は「越える」「通り過ぎる」「移す」、すなわち「移動する」という意味の古語「越す」が変化したものです。「移動」という感覚が「行く」「来る」に結びついたのでしょう。
⑧	する	⑧「なさる」 　贈り物を受け取ったときなどに「このようなことをなさらないでくださいませ」というように使います。
⑨	見せる	⑨「お見せになる」 　やはり「見せる」には尊敬語がないので、「お～になる」を付けて尊敬語にします。
⑩	着る	⑩「お召しになる」 　この場合は何かを体に付ける行為を表す「召す」に「お～になる」を付けます。
⑪	知る	⑪「ご存じ」 　「ご存じです」「ご存じだと思います」「ご存じですか」というように使います。
⑫	見る	⑫「ご覧になる」 　「覧」は「見る」の尊敬語だった古語の「ご覧ず（ごらんず）」の「覧」で、これに「ご～になる」を付けた形です。「お覧になる」だと言いにくいので「ご覧になる」となったのか「ご覧ず」の「ご覧」が生かされたのか、どちらかでしょう。「お」も「ご」も漢字で書くと同じ「御」で、謙譲語の「お～申し上げる」の「お」と同じです。
⑬	住む	⑬「お住まいになる」 　「住む」という意味の「住まう」に「お～になる」を付けて尊敬語にした言葉です。
⑭	座る	⑭「おかけになる」 　これもまた、「座る」という意味の「かける」に「お～になる」を付けて尊敬語にした言葉です。

　いくつできましたか。　同じテストをやはり20代前半のスタッフ向けのセミナーでやりましたが、正答率は謙譲語よりも低くて40％ほどでした。

　昔は社会に出たばかりの若い人に職場の先輩が敬語の使い方を教えたものだと思いますが、最近は、そのような教育機能が弱まっているようです。

♣「お～になる」使用上の注意

　「お～になる」は、謙譲語の「お～申し上げる」と同じく、他の言葉に付

けるだけで尊敬語をつくることができるので便利なのですが、これもまたもともと尊敬語がある言葉に使うことはできません。

「おいいになる」「お食べになる」「お行きになる」「お着になる」「お知りになる」などとはいいません。

「いう→おっしゃる」「食べる→召し上がる」「行く→いらっしゃる、おいでになる、お越しになる」「着る→お召しになる」「知る→ご存じ」など、尊敬語がある言葉に使ってはいけません。「ご〜になる」も同様です。

♣「尊敬語プラス尊敬語」は非常に失礼

謙譲語の解説でお話した「過剰敬語」の問題が、尊敬語の場合にも生まれます。尊敬語に尊敬語を重ねて使ってしまうのです。

「召し上がる」に「お〜になる」を付けた「お召し上がりになる」などを最もよく耳にしますが、尊敬語の過剰敬語は相手を必要以上に持ち上げているわけで、これは謙譲語の過剰敬語よりもずっと失礼だと思います。礼を尽くしすぎてかえって不快感を抱かせてしまう「慇懃無礼(いんぎんぶれい)」にあたるでしょう。

また、「れる」「られる」を付けると尊敬語が作れるのですが、この「れる」「られる」をなんと尊敬語に付けてしまう過剰敬語が実に多いのです。

「おっしゃられる」「お求めになられる」「召し上がられる」「お会いになられる」といったたぐいです。これも大間違いですから、やってはいけません。

♣「謙譲語プラス尊敬語」では、もうメチャクチャ

もはや問題外というべき「間違い敬語」もまた、世の中を横行しています。

謙譲語は自分および身内の動作などについて使い、こちらが引き下がってへり下る言葉でした。

一方、尊敬語は相手の動作などについて使い、相手を持ち上げることばでした。

謙譲語と尊敬語は、使う相手も性質も正反対でしょう。

絶対に同時に使えるはずはないのです。それなのに、謙譲語と尊敬語を同時使用する間違いは、洪水のように起きています。

```
「いただく(謙譲語:食べる)」プラス「れる(尊敬語をつくる)」
    =いただかれる
「まいる(謙譲語:行く、来る)」プラス「れる(尊敬語をつくる)」
    =まいられる
```

「お目にかける（謙譲語：見せる）」プラス「られる（尊敬語をつくる）」
　＝お目にかけられる

といった具合です。
　たいていは、謙譲語に「れる」「られる」をむやみに付けて尊敬語として使おうとしているのですが、そういう人は第一にその言葉が謙譲語だという意識がないわけで、一から勉強し直してもらわなくてはいけません。

♣日本語は敬語にかけては鉄則を持っている

　先にも少し述べましたが、日本語は他の言語に比べて文法的な性質がゆるやかです。参考までにざっと説明します。
　例えば、英語ですと動詞には現在形と過去形があり、過去形でいうべき昨日のことを現在形で話すと間違いになりますし、明日のことは未来を表すwillを使って話さなくてはいけません。
　しかし、日本語は「昨日、地下鉄からおりたら雨が降っている。だが、ぼくは傘を持っていない。変わりやすい天気は困るよね」と、過去のことを現在形でいいます。そればかりか「来週、私は大阪に行く」と、未来のことも現在形でいいますし、さらに「もし明日天気が良かったら」という具合に、未来のことを過去形と同じいい方でいうことすらあります。時制の規定が極めてあいまいなのです。
　ものの数についても同様です。
　英語では、１つの場合のみa bookのように名詞に変化はありませんが、２つ以降はtwo booksというようにsなどが名詞の後ろに付きます。
　ところが、日本語では「１冊の本」が「100冊の本」になっても「本」という名詞に何かが付いてその形が変わったりはしません。単数と複数の形が同じなのです。いわゆる単複同形というものです。
　また、日本語は「私は」の「は」、「あなたが」の「が」、「会社に」の「に」といった「てにをは」と呼ばれる助詞、「行った」の「た」、「食べたい」の「たい」、「読まない」の「ない」などの助動詞によってつくられるニュアンスを非常に大事にするのですが、反面、これらがなくても通じてしまいます。「彼、来月、会社、入る。彼、企画部、行く。先輩、仕事、教える」というように。
　それに比べると、日本語の敬語は真に厳しい鉄則を持っています。その他の性質があれほどまでにゆるやかなのに敬語の使い方がうるさく決められているのは、かつての日本人が上下関係を殊の外重んじたからだと思います。敬語は日本の美しい文化です。ぜひ正しく使いたいものです。

② こんな「ダメダメ敬語」を使っていませんか

Point
- ♣過剰敬語（「尊敬語」プラス「尊敬語」）の実例
- ♣敬語の誤用（誤った謙譲語の使用、不適切な動詞の使用）の実例
- ♣過剰敬語（「謙譲語」プラス「尊敬語」、敬語不使用）の実例
- ♣「ダメダメ敬語」10題テスト　対面編＆電話編
- ♣空気を読んで瞬間的に敬語を発する見本は明石家さんまさんです。

❶要注意は過剰敬語（尊敬語プラス尊敬語）

♣「ダメダメ敬語」がいっぱいの国・日本

　日本のようにこれだけ敬語が発達している国は、世界にほとんど例がないと思います。少なくとも、例えば英語には敬語らしいものは「sir（サー）」ぐらいしかないのではないでしょうか。「speak」の尊敬語とか「eat」の謙譲語など、聞いたことがありません。

　日本人は、小さな島国に住む隣人同志、お互いのコミュニケーションを本当に大切にしてきたからこそ、自分がへり下ったり相手を持ち上げたりして、きめ細やかに敬意を表し合ったのでしょう。日本語に備わる敬語は、世界に誇れる美しい言語文化だと思います。

　ところが、その誇るべきわが国の敬語が、ここのところ地に堕ちています。

　少年期の年代層に全く敬語が使えない人が増えてきているのをはじめ、青年層ばかりか熟年層にいたるまで、誤った敬語を平気で使う人のなんと多いことでしょうか。

♣目に余る「敬語の使いすぎ」

　ある評論家の言。デパートの店内放送で「『お迷い子さま』のご案内を申し上げますといっているのを聞いて耳を疑った」。有名な老齢女性作家の主張は、「『お年寄り』というな。『年寄り』でよい」。

人身事故が起きて電車が遅れたときの車内アナウンス。「ご迷惑をおかけ致しましたことを心よりお詫び申し上げます」。人身事故というのは、鉄道会社の責任ですか。
　反発を恐れるあまり、「やりすぎ敬語」であらかじめ武装しているのです。
　敬語の誤用に加えて使い過ぎは、根本から直していきたいですね。

❷「本日は、部長様が直々にお越しになられまして、まことにありがとうございます」はダメ

♣過剰敬語の見本
　目上の部長の敬称として「様」を付け、「来る」の尊敬語「お越しになる」を使い、全体に丁寧語をきちんと使えている点は合格です。
　しかし、「お越しになられまして」の「れ」が問題です。これは尊敬語をつくる「れる」が変化したもので、つまり尊敬語の「お越しになる」の後ろに尊敬語をつくる「れる」を付けると、いわゆる「過剰敬語」になってしまうのです。
　くり返しますが、特に「尊敬語プラス尊敬語」の「過剰敬語」は相手に対して非常に失礼ですから、絶対に避けなければいけません。大いに注意してください。

♣尊敬語は１つだけで十分
　そこで、これを正しく言い換えるとどうなるでしょうか。
　次が最も素直な言い方だと思います。
　「本日は、部長様が直々にお越しになり、まことにありがとうございました」。
　また、次のようにいってもよいでしょう。
　「本日は、部長様直々のお越し、まことにありがとうございました」。
　「お越し」という言葉だけで敬意が伝わりますので、そう言い切ってしまっても全く失礼にはならないと思います。
　いずれにせよ、尊敬語は１つの言葉に１つ使えば事足りるのです。

♣普通の「なる」になら「れる」を付けてもOK
　この場合は「お～になる」という尊敬語の後ろに尊敬語をつくる「れる」

を持って来たから悪いのであって、普通の動詞「なる」にならば「れる」を付けるのは一向に問題ありません。

「取締役になる」→「取締役になられる」
「健康になる」→「健康になられる」
「一児の母になる」→「一児の母になられる」といった具合です。

❸「ご一緒に仕事をさせていただきたいので、課長様がおりましたら呼んでいただきたいと思います」はもっとダメ

♣尊敬語を使うべきところに謙譲語を使ってしまった例

「仕事」には「お」を付けて「お仕事」といったほうがよいでしょうが、その後の「させていただきたいので」は「する」に謙譲語「〜せていただく」が付いた形ですから合格です。

しかし、「課長様がおりましたら呼んでいただきたい」というところがいけません。「おりましたら」の「おる」は「いる」の謙譲語で、自分もしくは身内の動作などにしか使わない言葉です。それを目上の相手の動作に対して使っているのですから、間違いです。

「いる」の尊敬語「いらっしゃる」「おいでになる」を使わなければなりません。

♣目上に「呼ぶ」は失礼

「呼んでいただきたい」の「呼ぶ」という動詞は、普通、目上の人が目下の人を呼び寄せるときに使う言葉です。ですから、目下の人が上司などに来てほしいときに使うと大変に失礼です。

「来る」の尊敬語「いらっしゃる」「おいでになる」「お越しになる」を使って表現すべきでしょう。この場合は直前に同じ形の「いる」の尊敬語「いらっしゃる」「おいでになる」を使いますから、「来る」のほうは違う形の「お越しになる」を使ってはどうでしょうか。

さらに、「いただきたい」という言い切りの形は、前半でも使っていますし、感じが強すぎてこれも失礼ですので、「いただければ」と柔らかく表現したほうがよいでしょう。そうすると、こういえばよいのでしょうか。

「ご一緒にお仕事をさせていただきたいので、課長様がいらっしゃいましたら（おいでになりましたら）お越しいただければと思います」。

♣「〜と思います」はあまり使わないほうがよい

　前述したように自信のなさを感じさせてしまうことがあるので、「〜と思います」は使わず、疑問形にしてしまったほうがよいかもしれません。
　「ご一緒にお仕事をさせていただきたいので、課長様がいらっしゃいましたら（おいでになりましたら）お越しいただけるでしょうか」。

❹「念のため、今のお話をもう一度聞かせてください。部長様、なんと申されましたか」はさらにダメ

♣「謙譲語プラス尊敬語」の間違い

　前半、「今の話」ではなく「今のお話」といっているところは、先ほどの❸の「仕事」に「お」が付いていなかったのに比べると優秀ですが、次の「もう一度聞かせてください。」は「もう一度お聞かせください」としたほうがよりソフトになります。しかし、後半は重傷です。
　「なんと申されましたか」の「申す」は「いう」の謙譲語ですから、相手の動作などに使ってはいけないのに、部長様の動作に使っています。そして、「申され」の「れ」は尊敬語をつくる「れる」でしょう。見事に禁断の「謙譲語プラス尊敬語」をやってしまっているわけです。
　そこで、「申す」ではなく、「いう」の尊敬語「おっしゃる」を使い、「れる」を付けると「過剰敬語」になって失礼なので「おっしゃる」だけで行くようにします。
　「念のため、今のお話をもう一度お聞かせください。部長様、なんとおっしゃいましたか」でよいでしょう。

♣「お〜ください」は、相手を立てながらのお願い

　ところで、この例の前半部分ですが、「聞かせてください」というより「お聞かせください」といったほうが、ニュアンスが柔らかくなるでしょう。
　それは相手の動作「聞かせる」に「お」を付けて、相手を立てる姿勢を取っているからです。
　「聞かせてください」だとお願いのしかたが直接的すぎて、少々はしたないのです。
　「お〜ください」は、単刀直入なお願いの表現がはばかられる場合、とても重宝な言い回しです。

「売ってください」→「お売りください」
「話してください」→「お話しください」
「取ってください」→「お取りください」
「読んでください」→「お読みください」

　古本などを買い取って販売する会社のキャッチフレーズは「読み終わった本、お売りください」ですし、駅などのフリーマガジンの棚に添えてある看板の文句は「ご自由にお取りください」でしょう。　この手なのです。

❺「会議を控えて、皆様お待ちになっておられるようなので、この辺で失礼いたします」はもっとさらにダメ

♣うっかり「敬語不使用」に注意

　まず「会議を控えて」がいけません。文脈から見て、会議を控えているのは「皆様」ですよね。だったら尊敬語を使わなければいけません。
　「お控えになって」か、尊敬語をつくる「られる」を付けて「控えられて」というのが礼儀です。うっかりして敬語を使い忘れてしまう典型的な例です。気をつけましょう。

♣「おられる」は禁句

　「お待ちになっておられる」の「おられる」が大問題です。❸でもお話したとおり、「おられる」の「おる」は「いる」の謙譲語で、自分や身内の動作などにしか使ってはいけません。それを相手の動作に対して使っていることが第一の間違いです。
　さらに「おられる」の「れる」ですが、これはくり返し言うように尊敬語をつくる「れる」です。❹と同じく、見事に禁断の「謙譲語プラス尊敬語」になっている点が第2の間違いです。
　ですから、「れる」は完全にはずして、「いる」の尊敬語「いらっしゃる」「おいでになる」だけを使えばよいのです。
　すると、「会議をお控えになって（控えられて）、皆様お待ちになっていらっしゃる（お待ちになっておいでになる）ようなので、この辺で失礼いたします」となります。
　しかし、始末が悪いことに、この「おられる」は現代日本の言語社会を公然とまかり通っているのです。

「何をいっておられるのですか」「電話で話しておられる」「困っておられるようなので」「カゼで熱を出しておられるそうだ」というように、大変に多く当たり前のように使われています。

これだけ多用されると、あの「見れる」「食べれる」「起きれる」といった「ら抜き言葉」のように、そのうち正しい用法だと専門家も一部で認めざるを得なくなっていくのか、という気もしますが、今のところは禁句としておいたほうがよいでしょう。

❻「ダメダメ敬語」10題テスト：何問できますか

♣[対面編]正しい形に言い換えてください

左欄の言葉を正しい形にいいかえるテストです。その正解と解説は、右欄のとおりです。

【「ダメダメ敬語」10題テスト】

	ダメダメ敬語	正解と解説
①	「社長さんは、おられますか」	①「社長さんは、いらっしゃいますか（おいでになりますか）」 先ほどの「おられる」がさっそく出てきましたね。「おる」は「いる」の謙譲語で、相手の動作などに使ってはいけないので、「いる」の尊敬語「いらっしゃる」か「おいでになる」を使います。
②	「今、先生は『良い』とおっしゃられましたが…」	②「今、先生は『良い』とおっしゃいましたが…」 「おっしゃる」は「いう」の尊敬語なのに、その後ろの「れ」は尊敬語をつくる「れる」ですから、これは「過剰敬語」です。そこで「れる」を取って「おっしゃる」だけにします。
③	「お客様、すいませんが、こちらに来てください」	③「お客様、恐れ入りますが、こちらのほうへおいでください。こちらの方においでいただけるでしょうか）」 まず「すいません」という言葉はありません。国語辞典を引いてみてください。まず載っていないでしょう。「すいません」は俗な口語表現なのです。正確は「すみません」です。漢字では「済みません」と書いて「それだけでは感謝や謝罪の意志を表しきれない」という意味です。しかし、この言葉はさまざまな場面に使うことができ表現としては安直ですので、「恐れ入りますが」といったほうが丁寧です。また、「こちら」ではなく「こちらのほう」というと親切ですね。そして「来る」の尊敬語「おいでになる」を使って「おいでください」といいましょう。疑問形「おいでいただけるでしょうか」にするとさらに気持ちが良いですね。

④	「こんなプランで、どうでしょうか」	④「こんなプランで、いかがでしょうか（いかがでございましょうか）」 　「どう」といいたいときは、必ず「いかが」を使いましょう。これは「雅語（がご）的表現」といって、かつて宮中で使われていた言葉に近いものですので、格調高い雰囲気を出せます。そして、さりげなく「ございます」を付けるといっそう品格が生まれます。ただし、「ございます」はあまり多く使うとかしこまりすぎてしまうので注意してください。
⑤	「予約するときは、電話してください」	⑤「ご予約の際は、お電話をいただけますと助かります」 　「予約する」に尊敬語を作る「れる」を、「電話して」に「お」を各々付けて「予約されるときはお電話ください」でも悪くはありませんが、ワンランクアップを狙うのなら、上の答えになります。
⑥	「わかりましたか」	⑥「ご了解いただけましたでしょうか」 　もし「おわかりですか」とやると、ちょっとバカにされたような感じを与えかねず危険ですので、「ご了解」という言葉を使います。「～いただく」は「人に何かをしてもらってありがたい」という気持ちを表しますので、いわれた側は気持ちがよいものです。こういう場合は多いに活用しましょう。
⑦	「え？　なんですか」	⑦「もうしわけなく存じます。恐れ入りますが、もう一度おっしゃっていただけるでしょうか」 　お客様に向かって「え？　なんですか？」とは言語道断ですよね。まず自分がお言葉を聞き取れなかったことを「もうしわけなく存じます」と謝り、もう一度おっしゃってくださいと頼むという順序で話すのが礼儀ですが、ここでも「～いただく」を使いながら「もう一度おっしゃっていただけるでしょうか」と尋ねる形を取るとさらに控えめで良いですね。謝罪の言葉として「もうしわけありません」「もうしわけございません」というのは、適切ではありません。それについては⑨で解説します。
⑧	「では、さようなら」	⑧「ごめんくださいませ。失礼いたします」 　「では、さようなら」は友だちにいう言葉です。お客様に対しては礼を尽くした言い方をしてください。「ごめんください」の「ごめん」は「御免」と書いて、もとは「許されること」を表しました。それが、面前からいなくなることを許してください、という意味になりました。「ください」は、人にそうしてほしいという気持ちを表す丁寧な表現です。「ませ」を最後に付けるとより丁寧な印象を生みますが、男性はムリして使わなくてもよいでしょう。
⑨	「もうしわけございません」	⑨「もうしわけなく存じます」 　実は「もうしわけない」で1つの言葉なのです。だから「ない」を丁寧に言い換えるつもりで「もうしわけございません」というのは間違いなのです。でも、そうとは知らずに平気でこの言い回しを使っている人は大変に多いですね。

⑩	「はい。わかりました」	⑩「はい。かしこまりました（承知いたしました）」 　「かしこまる」は漢字で書くと「畏まる」で、もともとは「深く敬意を表し、控えめな態度、姿勢になる」「きちんと座る」という意味です。そこから「あなたのおっしゃることは、なんでも受け入れます」という意志を表す言葉として使われるようになりました。また、「承知しました」は比較的に気心が知れた相手に対してなら良いですが、そうでない場合は「いたす」「ました」を付けて「承知いたしました」というと、折り目正しく感じられて結構です。

♣[電話編] 正しい形に言い換えてください

　左欄の言葉を正しい形にいいかえるテストです。その正解と解説は、右欄のとおりです。

【「ダメダメ敬語」10題テスト】

	ダメダメ敬語	正解と解説
	（電話が鳴っています。プルルルル…）	
①	「（受話器を取って）はい。サカモト商事です」	①「（受話器を取って）はい。お電話ありがとうございます。サカモト商事営業二課ナカタニコウスケでございます」 　まずお電話をくださったことに対してお礼をいいます。そして、責任ある対応を心がけていることを表すため、自分の所属と名前を伝えます。
	（あ。ニシダ建設のイトウですが。）	
②	「どうも…」	②「はい。イトウ様、いつもお世話になっております。ありがとうございます」 　相手の言葉を受けて最初に「はい」というと感じが良いです。相手が名乗ったらお名前を復唱し、日頃のお礼を述べます。
	（営業一課のツムラ課長さん、いらっしゃる？）	
③	「ちょっと待ってください」	③「はい。少々お待ちくださいませ」 　間違っても「ちょっと待ってください」などという、なれなれしい言葉を使ってはいけません。
	（………）	
④	「すいません。今、席をはずしているんですけど…」	④「お待たせいたしました。まことにもうしわけなく存じます。ツムラは只今、仕事で社外に出ております」 　待たせたことを気遣い、ツムラの不在を詫びますが、不在の理由もしっかり話します。謝罪の言葉は、先にお話したとおり「もうしわけありません」「もうしわけございません」ではなく「もうしわけなく存じます」です。
	（そう。いつごろ戻られる？）	

⑤	「えーと、2時ごろには帰って来ると思いますけど」	⑤「はい。2時に戻る予定になっております」 間違いなく予定を確かめ、正しく伝えます。
	(あ、そう。今日うかがいたいんだけど、3時ごろ、ツムラさん、都合どうかね?)	
⑥	「ちょっと待ってください。(予定表を見る)…大丈夫だと思います」	⑥「はい。ただいま確認させていただきます。少々お待ちくださいませ。 (予定表を見る)・・・お待たせいたしました。ツムラは3時には何も予定は入っておりません」 「返事→確認→お待ちください→お待たせしました→情報を伝達」という具合に、こちらの行動を1つひとついい、正確に情報を伝えます。
	(じゃあ、3時にうかがいます)	
⑦	「はい。わかりました」	⑦「はい。かしこまりました。3時にお待ちもうしあげております」 「かしこまりました」は、もちろん「承知いたしました」でも結構です。 そして来訪の時刻を復唱します。
	(そうそう。ツムラさんに伝言をお願いしたいんだけど)	
⑧	「はい。なんでしょうか」	⑧「はい。承ります」 「なんでしょうか」というのは絶対にダメです。伝言の中身を早く聞きたがっているような印象を与え、品格が落ちます。
	(第一ビルの改装プランについての資料、用意しといてほしいと)	
⑨	「わかりました」	⑨「はい。かしこまりました。第一ビルの改装プランについての資料を用意しておくように、でございますね。 確かに伝えさせていただきます」 「かしこまりました」だけでなく、依頼されたことを確認しながら復唱します。
	(じゃあ、3時にうかがいます)	
⑩	「ありがとうございます。お待ちしています(受話器を置く)」	⑩「ありがとうございます。3時にお待ちもうしあげております。ナカタニコウスケがお受けいたしました。ありがとうございました。ごめんくださいませ。失礼いたします(受話器を置く)」 お電話へのお礼を再度述べ、来訪の時刻をもう一度確かめるようにいい、この対応には自分が一切の責任を負うことを表すべく、自分の氏名をもう一度明言します。そして、しめくくりのお礼、お別れのごあいさつをします。

♣電話での対応は言葉が命

いうまでもなく、電話では顔が見えません。声と声の世界です。したがっ

て、声と言葉がすべてを左右します。先におすすめした「良い声」と「正しい敬語」を駆使して好感度抜群の電話術を磨いてください。

❼まねるは学ぶ：明石家さんまさんは「敬語」を使わない

♣敬語は最小限のほうがよい

　テレビのバラエティー番組でタレントさんたちと丁々発止のやりとりをして大いに笑わせる噺家・明石家さんまさんですが、よく聞いていると、さんまさんは敬語をあまり使っていません。

　自分より若い人や大変に親しい人だけでなく、芸能界の先輩や年長者に対してもあまり敬語を使いません。さんまさんは、敬語は最少限の使用でよいと決めているかのようです。しかし、不思議なことに全く失礼な印象が残らないのです。なぜでしょうか。

♣相手に応じて言葉を制御

　さんまさんは、相手の表情や言葉からその人の心の動きを瞬間的に読み取り、敬語を使わなくてもよい場合、むしろ敬語を使わないほうがよい場合、逆に敬語を使わなくてはいけない場合を判断して、言葉使いを調節しているのだと思います。

　バラエティー番組というのは出演者同士のトークの盛り上がりが肝心ですから、敬語でばかり話すと堅苦しくて雰囲気を壊してしまうことがあるのでしょう。そこは実際の社会とはまるで違うところですが、相手の心の動きに応じて言葉の出し方を制御していく技術は見倣うべきでしょう。

　相手が話題に乗ってきたと見るや矢継ぎ早のツッコミで話しを引き出すときのさんまさんは、敬語のかけらさえも使っていません。反対に、全体の空気がまだ落ち着いている番組の冒頭で、出演者たちを紹介し、ちょっとした会話を交わすときはきちんとした敬語で話しています。

♣敬語は人の心を読んで使う

　一般社会でも、人間関係が深まり気心が知れてくると、言葉もカドが取れて仲間内では敬語を使わなくなっていきます。さんまさんは、番組をそういう打ち解けたムードにするために、言葉の面から演出しているのでしょう。

正しい敬語は大事ですが、相手が心を許しているのに過度に使うと逆効果になってしまうことがあります。人の心を読んで使っていきましょう。

♣敬語を使わなくてはいけない場面

絶対に敬語を使って話さなければいけないのは、どういう場面でしょうか。お客様に接するとき、職場で目上の人と話すとき、会議で発言するとき、大勢の人の前で話すとき、仕事上の話を電話でするとき、初めて会う人と話すとき、などでしょう。

また、これは敬語ではなく人称代名詞ですが、自分や相手を指す言葉も敬語とともにきちんとしたものを使わなければいけません。自分のことは「わたし」または「わたくし」、相手のことは「あなた」といわなければ、一方で敬語を正しく使っていても礼儀の面で片手落ちです。

男性の「ぼく」、女性の「あたし」は大変にくだけたいいかたですので、公の場で使うべきではありません。

ある年配の管理職の方が嘆いていました。その会社の若い男性社員が、会議で担当業務について提案する際に「おれは・・・・」といいながら話した、というのです。これは論外だと思います。

♣敬語を使わなくてもいい場面

明石家さんまさんのように、必要があり、なおかつ相手に対して失礼にならなければ、空気を和ませるためにわざと敬語を使うのを避けると、効果があがります。

例えば、それまでずっと敬語で話してきた人が、話が一区切りついたところで「こういうことって、よくあるんだよね」などと親しげな言葉で同意を求めると、お互いの距離が急速に縮まるものです。

話芸のプロはこの技術に長けています。最近では、漫談家の綾小路きみまろさんが代表的です。医事漫談のケーシー高峰さんもお上手です。お二人とも、お客様が乗ってくるに従ってほとんど敬語を使わなくなっていきます。

言葉だけを聞いていると、お客様のうちの誰かをつかまえてずいぶん乱暴で失礼なことをいったりしているのに、ご本人はもちろん、お客様は大爆笑しています。客席との関係が一度できあがり、親密な心のキャッチボールができるようになったら、敬語はむしろ必要ではなくなってしまうのです。

一般的な人間関係にもそれと同じことがいえます。

④ 好感度を与える話し方トレーニング

「良いところをほめる」「得意なことを教えてもらう」がコミュニケーション向上のカギ。そして、お客様には、「セールストーク3原則」に従って6段階で、最も効果的な商品説明をしましょう。

1 とにかく相手を「いい気持ち」にさせる

Point
- ♣人間は、ほめられれば「いい気持ち」になります。
- ♣人間関係をよくするコツは、良いところを見つけてほめること。
- ♣人はセンスをほめられると、ものすごくうれしいのです。
- ♣優越感と自尊心をくすぐると喜ぶ、それが人間です。
- ♣得意なことは教えたいものです。ですから教えてもらいましょう。
- ♣「聞く名人」の見本は、黒柳徹子さんです。

❶人と仲よくなれる第一歩は「ほめること」

♣ほめられることが嫌いな人はいない

　小学生、中学生だったころ、嫌いな先生ってどういう人でしたか。怒ってばかりいる怖い先生ではなかったですか。そういう先生は、児童生徒を叱ることはできてもほめることができなかったはずです。

　教育とは叱ることだとでも思っていたのでしょうか。大間違いですね。

　むろん、叱ることが必要なときには、きちんと叱らなければいけません。しかし、叱るばかりだと人間は萎縮してしまいます。ほめるべきところは大いにほめなければいけないのです。

　大人も同じです。人はみな、ほめられることが好きなのです。

♣ほめることで人間関係を良好に

　お客様との関係を良いものにしていくためには、お客様をいい気持ちにさせ、その状態を長く持続させることが必要です。そこで「ほめること」を活用しましょう。どんどんほめましょう。

「え、ほめかたがわからない」「おべっかを使っていると思われて怒らせてしまうんじゃないかって」大丈夫です。ほめる秘法を伝授します。

♣自分とは違うと思う人ほど「ほめる」と効果絶大

「最近の若いヤツはまるで宇宙人だね。何を考えているのか、さっぱりわからん」とか、「ほんとに女性の扱いはむずかしいねえ。オレ、もうお手上げだあ」などと嘆いている管理職のみなさん、多いんじゃありませんか。

世代が違う、生育歴が違う、性別が違うということを理由に、相手とのコミュニケーションをあきらめてしまっているのじゃありませんか。

そんな相手こそ、こちらから彼らがいる場所に足を踏み入れていって、ほめるのです。強固な人間関係が築けること間違いなしですよ。

♣高校生とマンガでコミュニケーション

筆者の友人が、東京都心でコンビニの店長をしていたときのことです。

アルバイトとして雇った数人の男子高校生は、お世辞にも勉強が好きだとはいえず、店にもマンガ本を持ち込んでよく休憩時間に読んでいました。学校でも授業中にこっそり盗み読みして、何度も没収されて、教師たちに叱られていたそうです。

店での働きも今ひとつで、友人が話かけてもうわの空、失敗を注意してもいっこうに改善しないという始末で、友人は困っていました。

そんなある日、友人は、新聞にあるマンガ作品についての記事が載っているのを見つけました。作品の絵も掲載されていて、その作風の独自性を執筆者の記者はほめていました。そして、それが連載されていたのは、高校生たちがいつも読んでいた有名なコミック誌でした。

そこで、その記事を彼らに見せてみました。するとどうでしょう。彼らの顔がパッと輝いたかと思うと、その作品について批評する言葉が次々と飛び出してきたのです。しかも、さらに驚いたことに、彼らの批評内容は新聞に載っていた学芸部記者の指摘するところとほとんど同じだったのです。もちろん、高校生たちがその新聞を読んでいたはずはありませんでした。

友人は彼らを心からほめました。「君たちは、1つの作品をきちんと読み取れているじゃないか。大した感性だ。これからもいろんなマンガ作品のことを話そう」といいました。

以後、友人は彼らとさまざまなコミック作品について語り合うようになりました。新しい作品を教えてもらって読み、子どものころに読んで感動した往年の名作について話しました。すると、なんと彼らは友人の時代の漫画家

たちのことまでよく知っているじゃありませんか。これには脱帽でした。
　こうして友人は彼らと仲よくなって、理想的な人間関係を結ぶことができ、彼らもまた店でよく働くようになったのです。

♣相手の世界に行って、相手の感覚を知ること
　確かに、自分と比べてまるで違っている人に近づいていくのは勇気がいります。でも、違っているからといって否定したり無視したりしていては、人間関係は始まりません。まず、こちらから相手の世界に入っていくことが第一歩です。
　あの人たちの感覚はわからない、ああいう趣味はいただけない、ああいった振る舞いは理解できない、というようなことばかりいっている人に限って、相手のことをまるっきりわかろうとしていないのです。
　なぜ、あのような感覚、趣味を持つに至ったのか、どうしてああいう振る舞いをするようになったのか、を理解しなければいけません。ムリに共感したり同意する必要はありません。自分と違った人間が確かにいるのだ、ということを認めるのです。
　そして、その上ですばらしいと思えるところがあったら、迷うことなくほめるのです。さらに、相手の世界に入ってみようという気持ちが少しでも起きたら、ためらわずに分け入っていきましょう。同じものを共有できた喜びから、お互いの関係は一段と強固なものになっていくはずです。

♣相手のすべてに関心を持つこと
　相手がかけているメガネ、持っているバッグ、ネクタイ、靴、洋服の生地や色、形、髪型、アクセサリー、若い人ならTシャツの柄、ベルトや腕時計、使っているペンや乗っているクルマなど、その人の個性が現れている持ち物に関心を払い、それらについてさりげなく「どこで買ったんですか」と尋ねてみましょう。うれしくなって、話に乗ってくること請け合いです。
　そうしたら、満を持してほめるのです。さあ、やってみましょう。

---

❷モノをほめず、使っているヒトをほめる

♣モノばかりか、その人のセンスをほめると効果絶大
　人間には長所と短所がありますが、短所のほうが目につきやすいものです。

逆にいうと、長所は見落としやすいのです。自尊心が邪魔をするからです。

相手の良いところを認めて賞讃すると、自分がその点において相手よりも劣っているように思えてしまうのです。ですから、この気持ちを外す努力をしながら人と接しましょう。

すると、相手の長所がだんだん見えてくるのですが、そこまで行くのに時間がかかることも少なくありません。そこで、先ほど説明したように、ふだんからその人の持ち物などに関心を向けてほめることが大切になってくるわけですが、ただモノをほめるだけでなく、それを持っているその人のセンスをほめるようにすると、人間関係は飛躍的によくなります。

♣自慢ばっかりの奥様にウンザリ

あるとき、一般家庭の清掃を仕事にしているご夫妻から相談を受けました。

顧客の奥様にどうやって対応したら良いのかわからないので教えてほしい、とのことでした。事情を伺いましょうというと、奥さんがほとほと困り果てたようすで話始めました。

「月に一度清掃にうかがう豪邸の奥様が、ものすごく気位の高い方で、大きなお宅の自慢ばっかりするんです。お庭の掃除をすれば庭石と植木の自慢、お玄関を磨けば上がりかまちの木がいくらした、お座敷に行けば掛け軸の骨董的価値をとうとうと。

しかも、決まって最後におっしゃることが『あ。あなたたちにこんなことお話しても、ご縁のないものばかりだから、おわかりにならないわよね。ごめんなさいね』と、こうなんですよ。もう、苦痛で苦痛で。仕事の面では大きなお客様ですから手放したくないんですけど、感情的には、できればあのお宅には行きたくないと思ってしまって。胃に穴があきそうなんです」。

うつむく奥さんに、いいました。

「向こうが自慢しているのなら、ほめてあげれば機嫌が良くなって、あなたたちに対してイヤミな態度を取らなくなるんじゃないですか。それはきっともっとほめてほしいから、そういう意地悪なことをいうんですよ」。

しかし、彼女は深いため息をつきながらいいます。

「いつもほめているんですけどねえ、一生懸命……」。

「どのようにほめているんですか」と聞くと、「え？　それは普通に……」というお答えです。

「普通に、というと？」

「へえ、すごいですねぇ、という具合に調子を合わせて……」。

♣ **外面より内面をほめられると100倍うれしい**

そこで、いいました。

「その奥さんが何かを自慢したら、その何かそのものではなく、その何かを選んだ奥さんその人をほめてください」。

彼女は「えっ?」というまなざしを私に送ったかと思うと、戸惑った表情を見せました。

さらに続けました。

「例えば、奥さんが首のところを指差して『このネックレス、ニューヨークのティファニーで買ったのよ。値段はね……』と話しかけてきたとします。そうしたら、『へえ！ ニューヨーク！ ティファニー！ きれいなネックレスですね！ お高いんでしょう？ すばらしいですね！』ではなく、『すごくステキなセンスをしていらっしゃいますね！ さすがですね！ 今日のお召し物にもとってもよくお似合いで！ 着こなしもアクセサリーの会わせ方も抜群ですね！ どうしたらそういうセンスを養えるんですか。教えてください！』という具合に、奥さんのセンスをほめるんですよ。

そうすれば、舞い上がって上機嫌になって、イヤミなんかいわなくなりますよ。人間は、自分の外面よりも内面をほめられるほうが100倍うれしいんですから」。

♣ **センスをほめたら願ってもない契約が成立**

果たして、彼女はこのアドバイスを忠実に実行しました。その結果、どうなったと思いますか。

それまでは、休憩のときに出がらしの煎茶一杯を出すのがせいぜいだったあの奥さんが、真に香ぐわしい高級紅茶にデラックスなケーキまで付けて出してくれるようになったばかりか、「うちのお掃除は、ずうっとお宅にやってもらうことにするわ」と、なんと半永久的な契約を結んでくれたそうです。

人はモノを自慢するとき、そのモノではなく、そのモノを選んで使っている自分をほめてほしいのです。

昔から「お目が高い」とか「ご明察です」とかいう言葉がありますが、これらはやはり相手の見識やモノを見る目の確かさ、鋭さを讃えた言葉です。

「あなたは才能があふれていますね」「あなたは仕事ができますね」といわれてイヤな気持ちがする人はいないのと同じで、大なり小なりその人の能力をほめれば人間同士の距離は一気に縮まります。そして、その能力の現れとしての外見や事実をほめるのです。人の長所をどんどん見つけましょう。

❸「オレはコイツより上だね」と思わせる

♣相手のプライドを最大限まで持ち上げる

　プライドが高すぎる人って、本当に付き合いにくいですよね。それがお得意様だったり直属の上司だったりすると、毎日がやりきれなくなってきます。
　しかし、そういう人にはそのプライドを徹底的に尊重しまくってあげれば、コミュニケーションは急速に向上します。
　要するに、「自分はこの人よりも格段に優秀な人間だね」と思わせてしまうのです。かといって、こちらが卑屈になることはありません。ごく自然にそう思わせればよいのです。

♣気難しく芸術家タイプの大先輩にヘキエキ

　筆者の友人のエピソードです。
　彼はある会社の中堅社員でしたが、わけあって転職し、新しい職場に移りました。ところが、そこにいた10歳以上年長の男性が、彼にとっては実にやっかいな人物だったのです。
　まず、仕事はソコソコこなすのですが、抜きん出て能力が高いというわけでもないのに、後輩に対してはとても横柄な態度しか取らず、人を批判するばかりでけっしてほめず、そのくせ自分が不得意なコンピュータを複雑に操作する仕事は、ことごとく若い者に押し付けます。
　その一方で権利意識がめっぽう強く、組合活動の中心的な存在であり、友人は何度も断っているのに組合に入るよう、若い組合員を引き連れて来ては、それこそイヤガラセかと思えるくらいネチネチしつこく勧誘するのです。
　おまけに、かつて学生時代、有名な作家に小説の書き方を教わったことがあるとかで、人の文章には何かと文句をいっては長々と講釈をたれるのだそうです。
　友人は、日がたつにつれてだんだんとこの大先輩がうとましくて仕方がなくなってきて、食欲がめっきり落ち、げっそりと痩せてしまいました。

♣まず相手が得意なことについて聞き出せ

　久しぶりに友人に会った筆者は、そのやつれた姿に驚きつつも、こういいました。

「その大先輩は、プライドのかたまりだね。それと同時に、劣等感も根強く持っていると思う。屈折してるね。そういう人は、劣等感を絶対に刺激しないようにする一方で、プライドをこれ以上ないというところまで最高に尊重してあげれば、すぐに『良い人』になると思うよ。その人のプライドの最も強い根源となっているものを、常に100％満足させてあげることだね。だから、彼が最も得意で絶対誰にも負けないと思っているものは何か聞き出して、そこを徹底的に攻めるんだ」。

翌日、友人はこの助言に従って、果敢にも昼食を共にしながら大先輩に探りを入れてみました。出身地、生育歴、学歴、職歴、家族構成などについてお互いのことをしゃべり合いましたが、話が有名作家から文学について学んだ学生時代のことに及ぶと、大先輩はとたんに饒舌になり、文学論をとうとうと語り始めました。

友人も多少文学には関心のある人間でしたので、適当に知っている作家や作品のことをあげながら相手をしたのですが、あんな作家はクズだとか、その小説は駄作だとか、例によって友人のことも友人があげた作家や作品のことも全くほめないのですが、実は文学について語れることがとてもうれしかったとみえて、大先輩はますます熱弁をふるい出したのです。

友人は「これだ！」と思いました。

♣得意なことで頼られると、プライドは大満足

そこで、友人は「文章を書いたら、とにかくすべて大先輩に見せて添削をしてもらう」という作戦を立て、即刻実行に移しました。

報告書、会議のための資料、お客様への提案書から、個人的な手紙やハガキの文面にいたるまで、文章という文章を全部大先輩にみせました。

すると、どうでしょう。大先輩は、「ここがダメだ、だからおまえは勉強が足りないんだ」などと説教をしながらも、水を得た魚のように嬉々として、しかも、ものすごいスピードで友人の文章を書き換えていったのです。

いつものように絶対に友人をほめることはしないのですが、その添削能力は確かに抜群で、大先輩の手が入った後の文章は見違えるほどの名文に生まれ変わっていました。

友人は心の底からいいました。「すごいですね！」。

この一言で、決まりでした。大先輩は徐々に友人と打ち解けて、組合への強引な勧誘もしなくなり、なんと友人の仕事ぶりをほめてくれるまでになったのです。優越感と自尊心が十二分に満たされた結果ですね。

❹相手の得意なことを見つけ「教えてください」

♣誰にでも得意なことがある

　好きなことをしていると時間を忘れます。楽しくてうれしいからです。そして、好きなことは得意なことです。得意なことは、それについて人に話したくなります。自慢したくなります。得意なことがある人は、いつでもそれを誰かに伝えたいと思っているのです。

　また、得意なことは誰にでもあります。その数は人によって差があるでしょうが、得意なことを1つも持っていない人はたぶんいないと思います。

　自分にはなんの取り柄もなくて、などという、確かにあまり仕事のできない万年係長お父さんが、休日のラーメン屋さん巡りのベテランで、店の外に漂ってくる香りをかいだだけでスープの材料をピタリと当てるB級グルメだったりします。

　仕事だけでなく、趣味、遊びなど余暇の過ごし方や、衣食住へのこだわり、環境問題への取り組み、健康に対する心構え、子どもの教育についての方針、生きていく上での信条など、視野を広げて見れば、人には熱く語りたい得意なことがいくつもあるのです。そして、人はいつでもそれを誰かに伝えたいのです。人間関係づくりにこの習性を利用しない手はありません。

♣この人の得意なことは何か、いつもアンテナを張ってとらえよう

　同じ職場で働く相手なら、仕事上の得意なことはわかっています。しかし、仕事以外のこととなると、なかなかわかっていないものです。まして、ごくたまにしか会わない人とか、初対面の人となると、まるで未知です。

　少しでも気心が通じ合ってきたら、「お休みの日は、何をなさって過ごしていらっしゃるんですか」と聞いてみましょう。返ってきた答えが自分の守備範囲内のことでしたら、大いに話しましょう。

　え？「でも、答えの内容が、全くこちらの歯が立たない、チンプンカンプンの分野だったらどうしたらいいの」ですか。

　心配することはありません。カンタンなことです。そのときはあなたが聞き役になって、相手に思う存分レクチャーしてもらえばいいのです。素人の生徒相手に基礎の基礎から講義する大先生になれるんですから大喜びですよ、その人は。

♣殺し文句は「もっと教えてください」

いいですか。相手の得意なことを見極め、それを材料にして人間関係を急速に深めていくのですが、そこで「あなたの得意なことを私に教授してください。とことん教えてください！　お願いします！」といってみましょう。

これはもうオニのような効果を上げまくりますよ。

♣イヤだった仏頂面の管理職

筆者がある高校に勤めていた頃のことです。

いつも仏頂面をしている男性管理職のことがあまり好きではありませんでした。ですから、廊下ですれちがったりしても無表情で会釈する程度で、こちらから話かけることを避けていました。

そういう感情というのは確実に伝わるものなので、先方もあえて筆者と人間関係をつくろうとはしませんでした。

そんなある日、「他校への異動を希望する方はおっしゃってください」と管理職が会議でいいました。筆者は熟慮の結果、異動を希望し、所定の書類をそろえて提出しました。

ところが、結果は「異動できず」でした。そのときの職場は苦労の多いところでしたので、異動が果たせず、筆者は落胆しました。当時、公立学校の人事異動には管理職の裁断が大きくモノをいったのです。

♣イヤな人にも得意なことがあった

苦手な管理職との関係を良好なものにしなければならないと考えて、先方の中に何かすばらしいと思えるものを見つけ、それを通じてその人をなんとか好きになっていこう、と思いました。

人間というのは不思議なものです。そう思うと、今まで見えなかったものが見えてきました。

小さな会議を管理職の部屋でやっていたとき、壁にかけられた一枚の絵が目に入ってきたのです。どこかの小さな港に何艘かの小舟が繋留（けいりゅう）されている油絵でしたが、よく見ると、絵の右下のはじに書かれていたアルファベットのサインは、まぎれもなく管理職のものでした。

筆者は、それまでそれに気付かなかった自分に驚きました。

数日後、その部屋の前で偶然出会った管理職に、勇気を出していいました。

「油絵がご趣味だったとは存じ上げませんでした。あの絵はどちらでお描きになったものですか」。

するとその瞬間、いつものとおり仏頂面だった先方の顔が、まるで太陽のように豹変しました。そして、おっしゃったのです。
「あなたも絵に興味があるんですか。油絵について、絵画の美しさについてお話しましょう。さあ、お入りください」。

♣「熱中」を共有する楽しさ
その日、絵画、西洋美術について2時間話しました。
その方は理科系の専門家だったのですが、絵画についての造詣はまことに深く、人の能力に目を向けようとしていなかった自分を心から恥じました。
彼は、大変うれしそうに油絵の具の扱い方やデッサンの技法などについて熱心に説明してくださり、窓の外の風景を実際に目の前で紙に描いてくださいました。
門外漢の筆者が連発する的外れな質問にも、とてもわかりやすい言葉で答えてくださって、非常に楽しいときを過ごすことができたのでした。
それ以来、彼のことが好きになっていきました。そして、たびたび部屋におじゃまして、絵の話をうかがうようになりました。この上なく楽しそうに絵について語る彼に筆者も引き込まれて、「熱中」を共有する喜びを味わいました。

♣ほめ、たたえ、「教えてください！」
彼を尊敬するようになりました。彼が、自分と比べてとてつもなくすばらしいものを持っていらっしゃる人だったからです。
ですから、絵の話を聞くとき、筆者の口から出るのは当然彼をたたえ、ほめ、敬う言葉ばかりでした。
「へえ。そうだったんですか！」「たいしたもんですね！」「さすがですね！」
しかも、油絵の世界に関しては全くのドシロウトで皆目わからないことだらけでしたので、毎回「教えてください！」を連射したのです。今にして思えば、この「教えてください！」が彼の心をわしづかみにしたんですね。
こうして、われわれの人間関係は飛躍的に改善され、極めて友好的なものになっていったのです。

♣奇跡的なまでの効果が
やがて、年度が変わって、また人事異動の季節がやってきました。
筆者は、今年も異動を希望しようかどうか迷っていましたが、管理職との

関係も良好になったので大丈夫だろうと思って、異動希望を決断しました。

ところがある日、信じられないことが起きました。

彼が廊下で呼び止めていったのです。

「あなただけに話すが、今年はやめたほうがいい。状況が厳しいから」。

筆者は、心臓が止まるかと思うほどびっくりしました。そんなことを教えてくれる管理職など、今までにただの1人もいなかったからです。

結局、その進言に従って、異動希望を出しませんでした。そして、フタを開けてみると、職場の同僚で希望を出した人たちは、ことごとく希望しなかったところに行くことになっていたのです。

実はこのとき、彼自身も異動し、職場から去って行ったのですが、彼の後任として赴任して来た新しい管理職が後に尽力してくださって、その数年後、筆者は、自分の本来の専門分野を十二分に生かせる職場に移ることができたのです。

この後任の管理職とも前任の彼に対したのと同様の手法でお付き合いしたことは、いうまでもありません。

しかし、もし彼の「絵」に気付かず、望ましい人間関係を結ぶことができていなかったら、異動が厳しいという情報を彼が教えてくれるはずがなく、あのときあっさりと異動希望を出し、不本意な職場に転勤させられていたでしょう。

そうなったら、当然、彼の後任としてやって来た新しい管理職に出会うこともなかったので、その力を得て専門を生かせる職場に移ることもできなかったわけです。本当に怖いと思います。

人と人との関係は、良すぎて悪いはずがありません。苦手な人やケムタイ人を避けることなく、どんな人とでも友人のように親しい間柄になっていれば、その人数分だけいざというときの力になってくれる人が増えるのです。

「得意なことについて教えてください！」をぜひ活用してください。

❺まねるは学ぶ：黒柳徹子さんは「聞き方名人」

♣話し上手は聞き上手

テレビのトーク番組「徹子の部屋」でおなじみの女優・黒柳徹子さんは、ニックネームを「チャック」といいます。平素よくしゃべるので「口にチャックをしなさい」ということで、お若いころにお仲間がこの名を進呈したのだそ

うです。

　でも、「徹子の部屋」を観ている限りでは、黒柳さんがそんなにおしゃべりだという感じはしません。むしろ聞き方がすごく上手です。黒柳さんこそは正に"話し上手は聞き上手"なのです。

♣よく聞いて、くり返し、ほめる

　黒柳さんは、とにかく相手のいうことをよく聞きます。相手の話をさえぎってしゃべるということはまずありません。

　話に区切りがつくと、その内容をくり返します。そして、この後が立派なのですが、必ず相手をほめるのです。それも、ただ無闇にほめるのではなく、理解、同感、共感、同情、感動といった気持ちを込めてほめるのです。

　当然ですが、これは話を隅々までしっかりと聞いていなければ絶対にできないことです。

♣「聞き方」の順序は、受容、確認、評価

　話をよく聞いて（受容）、その内容を繰り返し（確認）、ほめる（評価）わけです。こんなふうに話を聞かれると、話す人は「自分の話を100％聞き取ってくれているなあ！」「きちんとわかって聞いてくれているなあ！」「自分を高く評価してくれているなあ！」と感じて、とてもうれしくなります。すると、どうなりますか。気持ちが良くなってもっともっと話したくなるでしょう。心憎いほどの聞き上手ですね。

　黒柳さんは、ご自身がこんな気持ちで話せたら理想的だと思う環境を聞き手として作っているのだ、と思います。つまり、話し手の身になりながら聞き手を務めているのです。ですから、逆に、話すときは聞き手の身になりながら話すはずです。"話し上手は聞き上手"とはそういうことなのです。

　常に相手の身になること。これは人間関係の普遍的な極意ですね。

♣聞き上手な人は司会が上手

　長く歌番組の司会を黒柳さんが務めていたことを記憶している人も多いと思います。あの司会も実にお上手でした。出演者と話すときには、相手のいうことを瞬間的にとらえ鋭敏に反応して話題を引き出します。前奏が始まり、歌手を視聴者に向かって紹介する際には、多くの場合、前もって歌手自身が述べたことばを引用していました。黒柳さんは、人の言葉を良く聞き、それを使って印象深く番組を進める名人なのです。

② 好感度を与える「商品説明」はこの順番で

Point
- ♣お客様は商品の効果と価格にしか興味がありません。
- ♣セールストーク3原則をマスターしましょう。
- ♣お客様が興味のないことを話してはダメです。
- ♣「困っていませんか」が第1。
- ♣「こうなったらうれしくないですか」が第2。
- ♣「それ、できます」が第3。
- ♣「こんなにイイコトがあります」「もちろん私も使っています」が第4。
- ♣「値段、用法」が第5。
- ♣「成分、細かい機能、生産地」が最後になります。

❶お客様の興味は「効果」と「値段」だけ

♣お客様が何を聞きたいのか、本当にわかっていますか

　新車の営業マンは営業区域内をしょっちゅう歩き回って、家々のクルマをこまめにチェックし、古いクルマを持っている家を重点的に攻めてきます。

　そのとき、上手ではない人は、自社のクルマの中からその家のと同じ車格の車種をいくつか選んで、カタログを持って行くでしょう。

　でも、お客様の要望が全く違っていた、またはそもそも全然買う気がなかったとしたらどうでしょう。後々なんらかの商売につながっていけばまだよいのですが、そうならなかったら、すべてはまるっきりのムダになってしまいますよね。

　これに対して、上手な人はどうするでしょうか。初めに、お客様の希望を聞くと思います。まずクルマを買う気があるのか、ないのか。買う気があるなら、今のと同じタイプのクルマがよいのか。でなければ、どういうクルマが良いのか。ワゴンかセダンか軽自動車かワンボックスカーか。

　何かを売ろうとするときは、お客様が何を望んでいるのかを知り、それに

沿って働きかけることです。ところが、これができていないのではありませんか。相手が聞きたくもない話を延々としていませんか。買う気などさらさらない人を前に、神経をすり減らして売り込んでいませんか。

　ここでは、買う側の心理を分析しながら、効率のよいセールストークの実際を解説していきます。

♣大阪の食堂に学ぶ

　「食い倒れ」の大阪で聞いた話です。大阪で繁昌する大衆食堂の条件は、「速い」「うまい」「安い」の3つだそうです。注文してから料理が出て来るまで時間がかからない、美味しい、値段が安い、ということです。

　これらのどれが欠けても、その店はつぶれるそうです。「遅い」だと「うまい」「安い」でもダメ、「速い」「うまい」でも「高い」ではダメ、当たり前ですが「まずい」はそれだけでアウト、いわんや「遅い」「まずい」「高い」と三拍子そろった店は1日で廃業だそうです。

　この「速い」「うまい」「安い」は、一般的なお客様の意識を端的に表した言葉です。「速い」と「うまい」は、その店と料理の商品価値を、「安い」は価格を示しています。さらにいうと、「速い」と「うまい」はその店に入って食事をすることによる「効果」であり、「安い」はその「効果」の大きさに比べて払う金額が「安い」、つまり「オトク」だ、ということです。

♣スイカを買うときの「甘い？」と「いくら？」

　スーパーの果物売り場でスイカを品定めしながら、店員さんに奥様方がよく聞いていますよね。「これ、甘い？」と。その場で食べてみたわけでもないのに、店員さんが「ええ。すっごく甘いっすよ」と答えると、奥様は改めて値札をのぞき込み、ウンとうなずいて、そのスイカをカゴの中に入れるのです。

　実は、これが、消費者の購買行動における意識の総てです。このとき奥様の頭の中にあるのは、このスイカが「甘いのか、甘くないのか」「いくらなのか」の2つだけなのです。

♣「商品の効果」に比べて「値段」が安いと思ったときに買う

　要するに、お客様というものは、その商品を手に入れた後の効果（食堂の料理を速く美味しく食べられるのか、スイカが甘いのか）を予測し、それに比べて値段が安くて「オトク」だと判断したとき、初めてお金を払うのです。

ですから、営業で真っ先にいわなければならないのは「商品の効果」と「値段」なのです。他のことは、最初から後回しにしたほうが効果的です。

❷だから、興味があることを真っ先に話す

♣セールストーク３原則でお客様をつかむ

まず、トークの原則的な考え方は、次の３つです。
【セールストーク３原則】

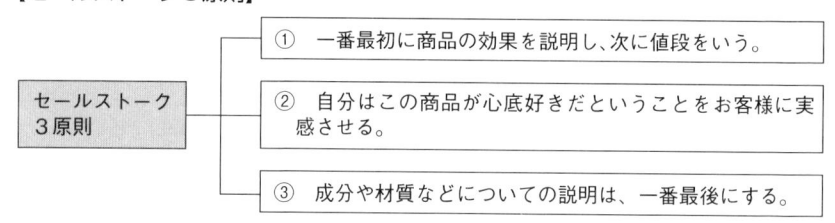

セールストーク３原則	① 一番最初に商品の効果を説明し、次に値段をいう。
	② 自分はこの商品が心底好きだということをお客様に実感させる。
	③ 成分や材質などについての説明は、一番最後にする。

しっかり守っていきましょう。

♣セールストークは６段階

最初に商品の効果について話すのですが、前ぶれなしにいきなり説明に入ると拒否反応を招きますので、事前に動機づけを十分行う必要があります。そこで、６段階のうち第２段階までをこの動機づけに費やします。

第３段階で初めて商品を紹介し、第４段階で商品の効果を詳しく説明しながら、自分もこの商品が心底好きだということを実感させ、第５段階で値段に言及します。そして、第６段階で成分や材質などについて解説します。

では、具体的に「商品説明」のトークをどういう手順で行ったらよいか、です。各段階については、順にお話します。

【商品説明のトーク手順】

第１段階	「お客様、こんなことで困っていませんか」	→否定的共鳴を引き出す。
第２段階	「それをこういうふうに改善できたら、うれしくありませんか」	→肯定的共鳴を引き出す。
第３段階	「それを実現できるモノ（商品）があるんです」	→興味を引き出す。
第４段階	「この商品を使うと、こんなにイイコトがあるんですよ」「私も大好きで使っています」	→購買意欲を引き出す。

第5段階	「価格は○○○円、扱いはカンタン、安全です」	→安心感を引き出す。
第6段階	「この商品の材質は○○○で…」	→理解、納得を引き出す。クロージング（商談成立）。

❸商品説明・第１段階「お客様、こんなことで困ってませんか」

♣「不満」は心の突破口

　自分がふだんから「こうなら良いのに」とか「あれは困ったもんだ」などと感じていることを同じように人が指摘すると、たとえそれが初めて会った相手でもいっぺんに親近感を覚えて急速に親しくなります。価値観を共有している、同じ悩みを持っている、という気持ちが近しさを感じさせるのです。人間は満足していることについては黙っているのに、不満に思っていることに対してはいくらでも意見をいいたいものです。

　ですから、同じことに関して不満を抱いている人同士は、ものすごく結束が固いのです。労働組合的結合意識ですね。そこで、この心理を応用します。

　多くの人が不便だ、不都合だと感じていること、しかし、実は新しい商品がそれをいともカンタンに解決してしまう「困ったなあ」を「あなたもそうでしょう？　困っていらっしゃるでしょう？」と投げかけるのです。図星なら、お客様は一も二もなく「そうなんですよ！　私も困ってるんですよ！」と話に乗ってきます。「否定的共鳴」を引き出すのです。

　例えば商品が「男性用電動シェーバー」なら、こういう具合です。

　「電動シェーバーって、剃り残しが多いでしょう？　剃った後、手でアゴをさわってツルツルじゃないと気持ち悪いんですよね。かといって、強く押し付けながら剃るとヒフが切れて血が出ちゃうこともあるし。それに、洗ったりする手入れがまた面倒なんですよね」。

♣「不満の声」をいくつもあげて「共鳴」を補強

　「そうなんだよ！　一流メーカーの製品で高かったのに、剃り残しがひどくて。忙しい朝は、使った後洗うこともできないしね」と、お客様が話に乗ってきたら、同じような「不満の声」をいくつもあげます。

　学生さんも、独身サラリーマンも、熟年お父さんも、ヒゲが濃い人も薄い人も、みなさん同じことを不満に感じていらっしゃいます、もちろん、この

私もです、と。「否定的共鳴」をさらに強固なものにするためです。

　これでお客様は、自分と同じ不満を抱いている無数の同志のリーダーになったかのような優越感を抱いて、とてもいい気持ちになるはずです。

❹商品説明・第２段階「それをこういうふうに改善できたら、うれしくありませんか」

♣「不満」を解消できた後の幸福感を強調

　第２段階では、第１段階で思いっきりしゃべり合った「不満」を、もしかしてすべて解消できたときの満ち足りた幸福感について語ります。ただし、この段階ではあくまで仮定の話として、です。ここでは商品のことには一言も触れてはいけません。

　「お顔のすみずみまで剃り残しはいっさいなし、お手入れもすごくカンタンで、しかも、どんなに敏感なお肌にもやさしい、そんな電動シェーバーがあったら、これはもうビックリギョウテンですよね」。

♣「不満解消」とともに生まれるたくさんの効果を列挙

　そして、「不満」が解消されると、それにともなってさまざまな波及効果が生まれ、毎日が見違えるように楽しいものになっていく、という「しあわせな未来」について具体的に述べます。

　「剃り残しが全くないと清潔感がアップするでしょう。そうしたら好感度もアップして、仕事の成績も上がるでしょうね。プライベートでも女性へのウケがいっそうよくなって、どこでもモテモテになっちゃうかもしれませんよ。また、お手入れがカンタンだと毎日おそうじをしますから、シェーバーはいつでもキレイ。ですから、ますます切れ味が冴えます。

　それから、お肌にやさしいので、今まで剃り跡が痛くてアフターシェーブローションを使えなかった敏感なお肌の方も、難なく使えるようになります。ですから、ローションのいろんな香りを楽しみながら、お肌をケアすることができます。その香りがまた好感度をさらにアップして、仕事もプライベートもますます充実していくことでしょう」。

　これを聞くと、お客様は「不満」が消えた後の幸福な生活を思い描いて「本当にそうなるといいなあ」と、心から思います。第１段階とは逆の「肯定的共鳴」です。

「肯定的共鳴」は「否定的共鳴」と正比例の関係にあって、「肯定的共鳴」は「否定的共鳴」が強ければ強いほど強固になります。したがって、第1段階でできるだけ強く「不満感」を自覚させることが必要なのです。

❺商品説明・第3段階「それを実現できるモノ（商品）があるんです」

♣短い言葉で商品を紹介

ここまで来てやっと商品について話をします。しかし、いきなり長々と説明を始めては絶対にいけません。「不満」を解消し「幸福な生活」を現実のものとすることができるモノが実際にあるのだ、ということを知らせるだけです。

この時点でのお客様の気持ちは、「買う」からはまだまだほど遠いところにあります。第2段階までで、一般的な話として、ある特定の従来製品に対する「否定的共鳴」と「肯定的共鳴」を強く自覚しただけです。

ですから、ここで商品について演説をしてしまうと、「オレはまだ買うなんて一言もいってないのに、うるさいなあ！」という気持ちになって去られてしまいます。

手短かに「剃り残しなし、お手入れカンタン、敏感なお肌にもやさしい、そんな電動シェーバーがあるんです」といいましょう。

で、お客様が「ほう」とか「本当ですか」などといって身を乗り出してきたら、成功です。お客様は「商品への興味」を引き出されたのです。そうしたら、満を持して商品名をいってください。

♣興味を起こさせるのが先決

いいですか。お客様が「商品への興味」を示して初めて商品名を出すんですよ。お客様がまだ「興味なし」なのに商品名をいってはいけませんよ。

失敗するセールスには、これが多いですね。相手にその気のかけらもないのに延々と商品解説をぶって、ほとほと愛想も何も尽き果てた状態にさせてしまっています。これをやると、相手はそのセールスマンの顔を二度と見たくなくなります。もし将来彼の会社が扱っている商品が必要になったとしても、迷いなく同業他社の製品を買うでしょう。これはセールスマンにとっては致命傷です。

お客様が「商品への興味」を起こすように誘導し、明らかに興味を示した

段階を待って商品をアピールしていかなければいけません。モノを買うという行為を引き起こさせるには、着実に段階を踏まなければならないのです。

まず顔を水に付ける、それからしゃがんで潜る、次はバタ足というふうに段階を経て練習しなければ泳げるようにはなりません。泳げない人をプールに突き落としたら溺れてしまいます。段階無視は命取りなのです。

❻商品説明・第４段階「この商品を使うと、こんなにイイコトがあるんですよ」「私も大好きで使っています」

♣いよいよ商品の説明を詳しく丁寧に

第３段階までで、すでにお客様は商品について興味を抱いていますから、詳しく丁寧に説明しましょう。ただ、説明するのは商品を使うことによってお客様が得られる効果についてのみです。生産地、材質、定格などは最後の最後に回します。

「当社の新型電動シェーバー『フルジェットカット』は、あらゆる面で奇跡的なまでのスグレモノです。まず刃の部分が特殊加工されていて、従来の製品に比べ切れ味が30％アップしました。つまり、ひげ剃りの時間を単純に30％短くできるようになったのです。

また、刃がお肌の表面に応じてものすごく細かく動くようになりましたので、どんな場所のヒゲも必ずとらえてカットします。これで本当の深剃りが可能になったのです。もう剃り残しはゼロです。

お手入れをされるときは、後ろのボタンを押すとネット部分がポンと空きますので、そのまま水かお湯でザァッと流すだけです。カンタンでしょう？　それに、そのヒフに当たるネット部分には、ものすごく触感が柔らかくて刺激がほとんどない特別な合金を使っていますから、敏感なお肌の方でも安心してご使用いただけます」。

♣「私も使っています」というと信頼感がアップ

お客様は商品説明を受けながら、心のどこかで「そんなに良いモノなら、あなたも使ってるんだろうね。もし使っていなかったら信用できないよ」と思っています。ですから「私も大好きで使っています」といってください。商品とあなたに対する信頼感が一気に向上して、「ふうん。それじゃあ買ってもいいかも」という気持ち、「購買意欲」が起きてきます。

ただし、これは口だけではいけません。あなたが、本当にその商品が好きで使っていなければいけません。あなたが女性なら、彼、ご主人、お父さんなど、ごく身近な男性が使っているといえばよいでしょう。もちろん、この場合もその人が実際に使っていなければダメですよ。

お客様から、どのような使用上の質問が出るかわからないでしょう。マニュアルどおりの答えと現に使っている人の答えは、実感、説得力の点で天と地の差ですから。

❼商品説明・第5段階「価格は○○○円、扱いはカンタン、安全です」

♣「買う」障害となる「疑問」に答え「心配」を取り除く

先にお話したように、お客様というものは最初から商品の値段をずうっと気にし続けています。価格が高いと、せっかく起きた「購買意欲」も急速にしぼんでしまいます。

また、その他、商品について疑問に思っていること、心配だと感じていることが残っていそうなときは、それらを一掃してあげないと実際に「買う」ところまでいきません。

そこで、第5段階にしてハッキリと値段を伝え、疑問と心配を解消することで、「安心感」を引き出すのです。

「気になるお値段ですが、○○○円です。これは、このランクの機種としてはずいぶんお買い得な価格だと思います。他社の1つ古いモデルが同じ価格帯ですから、新型でこのお値段というのは断然オトクです。

また、扱いも実にカンタンですし、充電時間も短くなり、クルマの中でも充電できるのでとても便利です。抗菌仕様で安全、重さも○○グラムと超軽量ですから、使っていても手が全く疲れません。（写真や実物を見せて）色も5色そろえました。デザインもカッコイイですよ」。

♣要するに「不安材料」を全部なくすこと

お金を払うからには、商品についてたった1つでも不安なことがあってはならない、それがスッキリ解消されない場合は即刻買うのをやめる、というのがお客様の正直な気持ちです。しかも、これは値段が高かろうが安かろうが一切関係ありません。

まじめな主婦は、たとえ１本98円の大根でも、家で切って中が腐っていたら猛然とクレームをいってきます。これは、１万円のシェーバーでも200万円のクルマでも4,000万円のマンションでも全く同じです。ですから、お客様の商品に対する不安材料をすべて取り除いておくことが必須なのです。

味が悪いんじゃないか、カロリーが高いんじゃないか、すぐ壊れるんじゃないか、洗うと色が落ちるんじゃないか、電気代がかかるんじゃないか、操作が難しいんじゃないか、取り換えの部品が高いんじゃないか、などなど。

「他にまだ、お尋ねになりたいことはございませんか」と問いかけながら、誠意をもって不安材料を解消して差し上げましょう。

❽商品説明・第６段階「この商品の材質は○○○で……」

♣商品の生産地、材質などは一番最後に

ここまで来れば、お客様の気持ちはほとんど決まっていますので、商品のハード面の解説をしても大丈夫です。製品の成分、いっそう細かい機能、生産地などについてお話しましょう。

ただし、お客様がその必要はない、聞きたくないとおっしゃったら、話さないほうがよい、というより話してはいけません。機嫌を悪くして、いっぺんに買う気をなくしてしまいます。

例えば、食品でしたら中国産は危険じゃないかとか、牛肉でしたら本当に和牛かとか、加工食品なら材料表示が偽装ではないか、ということが当然気になりますが、そういう重大な問題については、お客様のほうから何よりも真っ先に確かめるはずです。

逆に、電気製品や服飾品などの場合は、生産地が日本でなくても気にする人はあまりいないのではないでしょうか。現に、アメリカのある有名なメンズアンダーウェアブランドの製品は、どれもがタイでつくられていますが、よく売れています。

ある韓国のメーカーが出している大画面テレビも、同型の日本製品より40％近く安いということでネット販売で好調です。

♣「理解」「納得」で「商談成立」

要するに、ハード面の解説は、お客様の商品への「理解」と「納得」を万

全にするために行うので、お客様自身が十分に理解し納得したら、それ以上は全く必要ないのです。

　そして、この「理解」と「納得」が完全に得られたら「買う」ことを妨げる総ての障壁が取り払われ、お客様の「購買意欲」がお金を払うという現実の行動となって現れて、「商談成立」となります。

　下手なセールストークは、今まで説明してきたのと全く逆の手順です。最初に製品の成分とか生産地とか材質などについて長々と講釈し、どこの大学の先生が推薦しているとか、どこの国のなんという研究機関が承認しているなどと、その製品がいかにすばらしく優れているのかをわからせようとして、延々としゃべります。

　しかし、実はこの時点でお客様は立ち去りたくなっているのです。お客様が知りたいのは、その製品の「効果」と「値段」だけだからです。

　お話した「売れるセールストーク」をぜひ実践して、この国の経済をどんどん活発にしていきましょう。

♣復習「好感度・商品説明」

　では、もう一度最初から順を追って好感度セールストークの方法を復習してみましょう。

　まず、お客様の従来の商品に対する悩みや不満を確認して、否定的共感を引き出す。

　次に、仮にその悩みや不満が解消されたときの実にすばらしく気持ちがよい情景について話して、肯定的共鳴を引き出す。

　そして、それを実現できる製品があるのだ、ということを知らせて、商品への興味を引き出す。その商品について丁寧に説明するとともに、自分もそれを愛用していることをいい添えて、購買意欲を引き出す。

　商品の価格、使用法、安全性などを伝えて、買うにあたってのお客様の不安材料をなくす。

　最後に、商品の材質、成分、細かい機能、生産地などについて述べますが、お客様がそれはあまり必要ではないという意向なら、省略してもよいと思います。

　くどいようですが、必ず商品の効果についての説明から始めることが最大のポイントです。くり返しますが、絶対に商品のハード面についての話から入ってはいけません。

　セールストークをするときこそ、お客様の立場になったつもりで行いましょう。

♣ 「好感度・商品説明」の実例

　保険の代理店を経営していらっしゃる山本さん（仮名）の実践例を教えていただきました。参考にしてください。

山田「お客様、自動車の任意保険にお入りだと思いますが、毎月の掛金がお高いというお気持ち、おありではいらっしゃいませんか」

お客様「そうなんですよ。うちのクルマ、3000ccなので燃費は悪いし税金は高いし、維持費がかかるもんで。でも、保険をやめるわけにはいかないしね…」

山田「でも、自動車保険にかかるお金が年に10％か、またはそれ以上減ったら、ずいぶん違いますよね」

お客様「そりゃあ、そうですよ。このご時世ですから、少しでも出て行くものが少なくなれば、それはありがたいことです」

山田「実は、低価格の自動車保険が今度発売されたんです」

お客様「え、ほんとですか」

山田「はい。弊社が先月に出させていただきました〇〇〇保険です。従来の同レベルの商品に比べ、価格を12％お安くさせていただきました」

お客様「ほう。くわしく教えてください」

山田「（パンフレットを見せて）これをご覧ください。この保険は…（丁寧に説明する）」

お客様「うーん。確かに安いですね。内容的にも、うちが今入っているのと比較して遜色がない。でも、うちは一括払いはダメですよ。月払いじゃないと。それも引落しで」

山田「ご安心ください。銀行お引落しの月払いも、もちろんおできになれます」

お客様「何かあったときは、手続とか、面倒くさいんじゃないですか。それに、お金もすぐ出なかったりして」

山田「私にお電話をいただければ、すぐに必要書類をお持ちいたしまして、その場でお客様向けの書類を作成し、すぐに本社のほうに送らせていただきます」

お客様「土日や祝日でも来ていただけるんですか」

山田「当然です。事故はときを選んではくれませんので」

お客様「それは助かる。ありがたいですね。ここまで聞けば十分です。契約しましょう」

山田「ありがとうございます。全力で働かせていただきます」。

5 好感度を与える表情と姿勢のトレーニング

　好感の持てる姿勢、好感の持てる表情を開発する訓練をしながら、相手に応じた姿をつくるトレーニングを積み、からだのクセを直せば、あなたは全身好感度のかたまりになります！

SMILE

1 「良い姿」ってどういう姿勢のこと

Point
- ♣健康が好感度の前提です。
- ♣体形と好感度は関係ありません。
- ♣自然体が好感度のもとです。
- ♣好感度をこわす「手」の位置は。
- ♣微笑みが好感度を生みます。
- ♣自信とやる気が好感度をアップします。
- ♣からだの特徴で好感度をつくります。
- ♣顔とからだを上手に使う見本は石塚英彦さんです。

❶背の高さ、太っている、やせているは関係ない

♣「良い姿」のベースは健康

　さて、いよいよ「声」と「言葉」の話題から、好感度を生む「からだ」のお話に移ります。難しいことはありませんから、どうぞ安心して読んでください。

　ところで、筆者は、治療以外で病院に行くのが苦手です。病人に付き添ったり、入院している人を見舞いに行ったりすると、とても気が重くなります。院内の患者の姿が痛々しくて、見ていられなくなってしまうのです。

　病気で苦しんでいらっしゃる方には大変申し訳ないいい方なのですが、病気の人の姿は「良い姿」と正反対です。からだの中のどこかが異常をきたし、正常に働かなくなっている状態が病気です。からだが本来あるべき状況の対極が病気です。ですから、からだは必死に異常と痛みに耐え、果敢にも病気と闘います。つまり、病気はからだにとって緊急非常事態なのです。

　ですから、「良い姿」をつくろうと思ったら、まず正常で健康な体を保つことです。中学生や高校生たちが元気一杯に全力疾走する体育祭などをみると、彼らの姿に感動すら覚えますよね。彼らが若くて健康だからです。ふだ

んから健康を増進する生活を心がけ「良い姿」の土台をつくることが大切です。

♣からだの中が健康なら外も健康

からだというのは実に正直です。からだの中が不健康だと必ず外見に出ます。顔色、表情、肌、髪、体形、姿勢などをみると、からだの中の状態が一目瞭然です。

かくいう筆者自身も16年ほど前、とても不健康で、健康診断の結果は異常数値のオンパレードでした。顔色はどす黒く、表情は険しく、肌に張りがなく、髪もボリュームが減り、体形は胸板が薄いのにお腹はポッコリ、体重は増える一方で、姿勢はいつも猫背でした。ですから、実年齢より10歳以上歳上だと思われていました。

そこで健康的ダイエットを根気よく実行し、約3年間かけてすべて改善しました。今ではうれしいことに、実際より15歳は若く見えるといわれます。

からだの中が不健康なのに、外見をいくら整えてもダメです。「良い姿」をつくるために、まずは健康なからだを内側からつくっていきましょう。

♣健康なら体形は問題ではない

あなたが健康なら、あなたのからだは「良い姿」に変身できます。身長、体重、胸囲、座高、顔かたち、足の大きさ、腕の長さなど、からだの形は全く問題ではありません。自分のからだの個性を上手に生かして「良い姿」をつくっていけばよいのです。俳優と同じです。

俳優は、自分のからだが観客からどう見えているのかを熟知していて、自分に向いた役と向いていない役を知り抜いています。

若かりし頃のダスティン・ホフマンとアル・パチーノは、お互いの容姿が似ていたことから、2人とも類似した役は絶対に演じませんでした。

マーロン・ブランドは『ゴッドファーザー』の台本を読んで、主人公は自分にしか演じられないと直感し、メイクした写真と声を変えて録音したセリフのテープを、フランシス・フォード・コッポラ監督に送り付けました。

ピーター・グレイブスはテレビ映画『スパイ大作戦』で、さまざまな人物に扮して敵をだますトップスパイの役を演じていましたが、脚本家に常々いっていました。「ヒゲを生やした芸術家にだけは、ぼくをしないでくれ」。でも、あるときその役が来てしかたなく演じたら、評判は散々だったそうです。

さあ、鏡の前に立って、自分のからだがどう見えているのか知りましょう。

❷好感の持てる姿勢

♣ムリのない姿勢が一番

　好感の持てる姿勢とは、一言でいうと「ムリのない姿勢」です。言い換えれば、力んでいない自然体、ゆったりと気持ちよい姿勢、リラックスしている姿勢です。逆に、肩ひじ張ってこわばった姿勢は、人に緊張感を与えます。それが高じると、恐怖感さえ感じさせてしまいます。

　ネコは相手を威嚇するとき、全身の筋肉を緊張させて、思い切り伸び上がりながら毛を逆立てますが、すると相手のネコも怒って同様の動作をします。

　人間のからだも同じで、緊張させて人に対すると相手もまた緊張してしまうのです。ですから、言葉がそうであるように、こちらがからだを深く柔らかくしていると、相手も心地よく受け止めてくれるのです。

♣「まっすぐ」「動かない」が基本

　では、具体的な姿勢ですが、基本は「前後左右いずれにも傾かず、まっすぐ」です。猫背、後ろ反りは厳禁です。

　ましてや、ポケットに手を入れる、手や足を絶えず動かす、定期的不定期的にからだのどこかをさわる、などもいけません。つまり、必要がなければ動かないことです。

　立っているときは、自然な「きをつけ」、座っているときは「背中を伸ばして視線はまっすぐ」ですね。

♣「手」の位置１つで好感度がマイナス

　よくテレビの司会者が、３人が３人とも正面を向いて体の前で両手を組んでいますが、あれを嫌う人がけっこう少なくないのをご存じですか。筆者も、あの図は好感度が大減点だと思う１人です。なぜでしょうか。

　われわれは人と向き合うと、まず顔を見ます。で、次は男性ならネクタイ、女性なら胸元のアクセサリーの辺りを、そして、その次に「手」を見ます。相手が手で何かを取ったり、手を動かしたりするたびに、人は相手の「手」を見ます。

　「手」は人の視線を集めるのです。その手が両手ともにおヘソの下あたりにあったら、相手の視線もそこに行ってしまいます。マズイでしょう。

❸好感の持てる表情

♣心からの微笑みが極上の好感度を生む

　温厚、温和、柔和、誠実、信頼といった感覚を感じ取れる表情が「好感の持てる表情」です。

　顔は微笑んで、口元はいくぶん上がっているほうがよいでしょう。ただし、口だけが笑っていて目が笑っていない、というのではいけません。

　チラシ広告に出ているモデルの子役によくいます。ただ口だけが笑ったように開いているのですが、目は全くの無表情で、まるで顔の上下が別々の人のように見えます。

　人間は、口より先に目が笑うものです。その目が笑っていないということは、その人が心から笑っていないということになります。反対に、心の底からの微笑みを投げかけられると、人はすばらしくうれしい気持ちになります。

♣自信とやる気が微笑みをつくる

　では、心の底から微笑むようにするにはどうしたらよいのか、ですが、それは仕事への準備を入念に行い、どんな状況にも対処できる策を用意し、自信とやる気に満ちた状態に、常に自分自身を持っていくことです。

　つまりは、周到な準備とそれにともなって生まれる余裕です。心に余裕がないと本当の微笑みはけっして湧き起こってきません。笑おうと思っても顔が不自然にこわばってゆがむだけです。手抜きなしの仕事が心からの微笑みを授けてくれるのです。

♣お客様に感謝すると自然に微笑みが

　演技として微笑みを作る技術はあります。しかし、あなたは本職の俳優ではありませんので、そういう技術を学ぶのではなく、好感を呼ぶ本物の微笑みを自然に浮かべられるようにするべきです。

　そのためには、お客様に感謝することです。お客様のおかげで自分がある、会社がある、と思うことです。そういう気持ちでお客様に対応すると、いつの間にか温かい微笑みが生まれているはずです。どんな顔かたちでもよいのです。老若男女の別も関係ありません。お客様に感謝することです。

　心から感謝してにっこりする微笑みは、珠玉の宝なのです。

❹からだの利点を活用する

♣体形を利用する

　あなたのからだは、その特徴を上手に使えば自己アピールの恰好の材料になります。今までコンプレックスを抱いていたところほど、重要なアピールポイントとなることが多いものです。自分のからだをチェックしてみましょう。

　体形は一目でわかる個性です。からだの形を利用してお客様に自分を覚えてもらいましょう。自分専用のキャッチフレーズをつくって、名刺に書き込んだり、いつも口に出して印象づけるのです。

　例えば、次のようなものがあります。

【体系を印象づける】

太めの人	食べるのが好き（グルメ）、格闘技ファン、力持ち、太っ腹
細めの人	繊細な感性、走るのが速い、気配りの人、ヘルシー志向
背が高い人	健康に成長、バレーボール大好き、歩く広告塔
背が低い人	小回りがきく、地に足が付いている、コンパクトボディ

♣体形から意外性を演出する

　からだに似合わない話し方や動きをわざとつくって意外性を生み、記憶に停めてもらうという手もあります。

　こまごまとよく動き回る太めの人、とてもよく食べる細めの人、弁が立ち頭の回転が早い背が高い人、ゆったりと話し堂々としている背が低い人、などです。俳優さんたちがこれをうまくやると「イメージチェンジをした」、「新境地を開拓した」といわれます。

　加藤茶さんの殺人犯役（テレビサスペンス）、伊東四朗さんの暴力団幹部役（映画『ミンボーの女』）、故・松田優作さんの家庭教師役（映画『家族ゲーム』）などがあげられます。

♣顔も大切なアピール材料

　「顔」は最も大切な自己演出の素材です。同僚に自分の顔からどういうイメージを思い浮かべるか聞いてみましょう。

シティ派、カントリー派、インドア派、アウトドア派、山派、海派、グルメ派、粗食派、オシャレ派、節約派、浪費派、活字派、ＡＶ派、シネマ派、テレビ派、デジタル派、アナログ派、洋モノ派、和モノ派………。

自分で納得できるものがあったら、アレンジしてキャッチフレーズにしましょう。次の❺を参考にしてください。

❺まねるは学ぶ：石塚英彦さんは「こうして売れた」

♣愛嬌のある顔と大きなからだを最大限活用

「まいう～！」の決めゼリフで人気のタレント・石塚英彦さんが、テレビ番組でおっしゃっていました。

「食べ歩きのレポーターをするときに、他の俳優さんたちは、食材や調理法などについてとても難しいことをおっしゃりながら召し上がるでしょう。ぼくにも同じ仕事が来た最初のころ、一生懸命勉強してマネしようとしたんです。でも、あるとき、この顔とからだを生かして、なんにもいわないほうがいいんじゃないかと思って、黙々と食べて、最後の瞬間にひたすら本当に美味しそうな顔をしたんです。そうしたら、そういう番組の仕事がどんどん来るようになりました。それ以来、ラジオの番組で何かを食べても『美味しい』という表情をしています」。

石塚さんは、ご自分の顔とからだの活用法を完璧に会得されたのです。その結果、見事にブレークしたというわけです。あの人なつこい容貌と食べ歩きにピッタリの巨体には言葉は要らない、と悟ったとたん、大いに売れ始めたのです。正に「からだの利点を活用する」の見本です。

♣体で表現すると圧倒的な共感を呼ぶ

石塚さんが食べるのを見ていると、こちらもその料理を食べているような錯覚にとらわれます。そして、石塚さんが心底美味しいという顔をすると、自分もまた美味しいと思ってしまうのです。これは圧倒的な共感です。

あちらは確かに食べていますが、その「食」はテレビの中で映像と音声だけによって行われている虚構といえるでしょう。料理の香りや温度は伝わって来ませんし、しかも、番組が終わったら唐突に全く無関係のコマーシャルが流れ、２分後にはうって変わって深刻なドラマが始まるのです。

それなのに、われわれは石塚さんとともにその料理を食べたかのように、美味しいと感じてしまうのです。信じがたいほど強烈な説得力、いや、一種の催眠術といってもよいでしょう。

顔や体の特徴に完璧に当てはまった自己アピールは、その人の魅力を最高のところまで引き出します。そして、それが仕事の中で発揮されたとき、予想できないほど大きな成果をもたらすのです。

♣からだの特徴をうまく使うと記憶に残る

だいたいの漫才コンビは、からだの特徴が正反対の人どうしです。背の高い人と背の低い人、太っている人とやせている人、髪が少ない人と髪が多い人、メガネをかけている人とメガネをかけていない人、大柄の男性と小柄な女性、イケメンの男性とイケメンでない男性、などです。

ふたりの姿が際立って異なっていると、舞台に出てきた瞬間からお客様は俄然注目します。そして、かれらの芸が面白かったらそれは強く記憶に残ります。

ですから、2人一組でお得意様などをまわるときは、からだの特徴が対照的な人どうしを組み合わせると、先方に従来にない印象を残します。

逆に、似通った体形の人を何人も集めて同じ色やデザインの服を着せ、チームとして働いてもらうと、それを見た外部の人の目には、一糸乱れぬ結束力を誇る優秀な頭脳集団のようにみえます。内外に向けて自社の能力をアピールする際に、やってみると効果的です。

♣自分の見え方を知ること

故植木等さんがNHKの『紅白歌合戦』のリハーサルをNHKホールで行ったときのことです。

舞台に立った植木さんを複数のカメラが次々にとらえるのですが、カメラのどれかが植木さんを映すと、カメラの頭にあるランプが点灯して本人に知らせるようになっています。

やがてリハーサルが始まり、歌う植木さんをカメラがあちこちからとらえ始めました。すると、植木さんはカメラのランプがともった瞬間、そのカメラに向かって一番絵になる姿を次から次へと作ったそうです。どの方向のカメラで撮られたら自分はどうあるべきか、そしてどう見えているべきかを完璧に知り尽くしていたのです。おかげで植木さんのリハーサルはごく短時間で終わったといいます。天下の大舞台に緊張してなかなかリハーサルがスムーズに行かない若手に比べて、さすがの貫禄でしたね。

2 ストレッチ体操のすすめ

Point
- ♣柔らかいからだが「良い姿」の基盤です。
- ♣骨を動かして筋肉をほぐします。
- ♣ラジオ体操も効果的です。
- ♣ダンベル運動も取り入れるとよいでしょう。
- ♣絶対にムリしてはいけません。

❶柔らかいからだをつくる

♣固いからだでは何もできない

　からだは、動かさないとどんどん退化して動かなくなっていきます。固くなっていくのです。お客様の前で「良い姿」をつくるためには、健康で柔軟な体が不可欠です。ですから、ふだんからストレッチ体操でからだを動かしましょう。

　若い俳優が、腰の曲がったからだの固い老人の役をやるのは容易ですが、実際に腰が曲がり、からだが固くなってしまった老俳優が青年を演じることはできません。まれに、老齢になっても、ずっと持ち役にしてきた若い人物を舞台で演じる俳優はいます。

　もう勇退されましたが『屋根の上のヴァイオリン弾き』の森繁久彌さん、『放浪記』の森光子さん、『女の一生』の故杉村春子さん、『夕鶴』の故山本安英（やすえ）さんなどです。しかし、彼らはいくつになっても体の鍛錬をけっして怠りません。

　ですから、こういう人たちの肉体年齢は、たぶん実年齢より30歳は若いのではないでしょうか。実際、森光子さんが、あのお歳で柔軟体操を実践されていることは有名ですね。

　まっすぐに立って床に両手をつけますか。ちょっとからだを動かしても、あちこちが痛くなってしまいませんか。柔らかいからだをつくりましょう。

♣よく歩くと足と腰が若くなる

　体を鍛錬している役者さんは若々しいですよね。往年の刑事ドラマ『太陽にほえろ！』の部長刑事役で親しまれた故下川辰平さんが、「走れなくなったら、ぼくは役者をやめようと思っています」とおっしゃっていました。

　江守徹さんはウォーキングマシンに乗って歩きながらセリフを覚えるそうですし、故伸谷昇さんも、夜の街をぐるぐる歩き回って台本を暗記したそうです。

　足腰を若返らせるために、ストレッチ体操に加え、歩きましょう。

♣ストレッチ体操は柔軟体操

　ストレッチ体操は、骨を動かして筋肉をほぐすカンタンな運動です。これを毎日やっていると、確実にからだが柔らかく、軽くなっていきます。

　内容は、要するに柔軟体操です。学校の体育の時間にやらされたでしょう。からだを伸ばしたり縮めたりする屈伸運動のたぐいです。誰にでもできて、危険をともなわず、ボリュームを加減できるので、とても重宝な運動です。詳しくは後述します。

♣健康と柔らかいからだの２つをゲット

　先に説明したように、「良い姿」をつくるにはまず健康が第１です。ストレッチ体操を続けていくと血行が良くなり、からだが生き生きとしてきますので、健康が増進されます。

　また、「良い姿」とは「ムリのない姿勢」「まっすぐで動かない姿勢」だといいましたが、実は、こういう姿勢を持続させるにはとても体力が要るのです。

　学校の朝礼でじっと立っていることができずに倒れてしまう生徒は、だいたい体力が豊かでない場合が多いでしょう。健康優良児が朝礼でしょっちゅう倒れているなどという話は、聞いたことがありません。

　ストレッチ体操は筋力をつけることで体力の増強を図り、「良い姿」をつくりやすい、しっかりとした体を実現します。

　さらに、ストレッチ体操により体はどんどん柔らかくなっていきますから、なめらかでスムーズな気持ちのよい動きで、お客様に対応することができるようになります。

　ストレッチ体操は、健康と柔らかいからだの２つを同時にもたらしてくれるのです。正に一石二鳥ですね。

♣ 柔らかいからだは高性能

　柔らかいからだを使って固いからだをつくることはできますが、固いからだで柔らかいからだをつくることはできません。前述した老俳優と青年俳優の例が示すとおりです。

　柔らかいからだというのは「大は小を兼ねる」なのです。それから、ストレッチ体操で筋肉をつけていくと脂肪が減ってからだの機動力が増すと同時に、外見もほっそりと若々しく変化していきます。つまり、美容にもよいのです。

❷骨と筋肉を解放する

♣ ストレッチ体操の実際

　では、カンタンなストレッチ体操のメニューをお教えしましょう。

【カンタンなストレッチ体操のメニュー】

①	上体伸ばし	「きをつけ」の姿勢で立つ。両腕をそのまま真上に上げて「1、2、3、4、5」と5秒間止め、左右に開いてもとの位置に戻す。腕を真上に上げたとき、二の腕が両耳に付くようにする。これを5回行う。
②	股割り	「きをつけ」の姿勢で立つ。右足を大きく前に踏み出す。そのまま腰を下げ、弾みをつけて「1、2、3、4、5」と5回上下運動。もとの姿勢に戻り、今度は左足を大きく前に踏み出して腰を下げ、弾みを付けて「1、2、3、4、5」と5回上下運動。右足、左足でこれを5回ずつ行う。
③	前振りと後ろ反り	足を肩幅に開いて立つ。両腕を真上に上げて二の腕が両耳に付くようにする。そのまま上半身をどんどん曲げて掌で床をさわる。ここで弾みを付けて「1、2、3、4、5」と5回上下運動。上半身を起こしたら、両腕を元の位置に戻す。そして今度は、両腕を腰に当てて上半身を後ろに反らし、弾みを付けて「1、2、3、4、5」と5回上下運動。これを5回行う。
④	屈伸運動	「きをつけ」の姿勢で立つ。両手を両膝に当てて、しゃがみ、ここで「1、2」と2回弾みを付ける。すぐに伸び上がって膝を伸ばし、ここでも「3、4」と2回弾みを付ける。これを5回行う。
⑤	開脚屈伸	「きをつけ」の姿勢で立つ。右足を右に開く。そのまま左足を曲げて腰を下げ、弾みをつけて「1、2、3、4、5」と5回上下運動。もとの姿勢に戻り、今度は左足を左に開き、右足を曲げて腰を下げ、弾みを付けて「1、2、3、4、5」と5回上下運動。右足、左足でこれを5回ずつ行う。

⑥	開脚前屈	両足を前に投げ出して床に座る。両足を開く。上半身をまっすぐにし、自分の額が右足の膝に付くように上半身を曲げ、「1、2、3、4、5」と5回上下運動。もとの姿勢に戻り、今度は自分の額が左足の膝に付くように上半身を曲げ、「1、2、3、4、5」と5回上下運動。右足、左足でこれを5回ずつ行う。だんだんできるようになってきたら、開いた両足の間の床めがけて上半身を曲げ、「1、2、3、4、5」と5回上下運動をする。これも5回行う。
⑦	閉脚前屈	両足を前に投げ出して床に座る。上半身をまっすぐにし、自分の額が両足の膝に付くように上半身を曲げ、「1、2、3、4、5」と5回上下運動。これを5回行う。
⑧	体側運動	2人一組になり、2人が横に並ぶ。お互いの体に近い側（内側）の右手と左手をつなぐ。次に、お互いの体から遠い側（外側）の右手と左手をアーチのように高く上げて、2人の頭上でつなぐ。そして、そのままの姿勢でお互いを引っ張り、「1、2、3、4、5」と5秒間引っ張り続ける。次に両手をつないだまま、二人とも体を反対側に向ける。すると、つないだ手の位置が先ほどと逆になるので、またそのままの姿勢でお互いを引っ張り、「1、2、3、4、5」と5秒間引っ張り続ける。
⑨	上体曲げ	「きをつけ」の姿勢で立つ。両腕をそのまま真上に上げて、腕をまっすぐに伸ばしたまま両手を組む。その姿勢でゆっくり右に上半身を曲げ、「1、2、3、4、5」と5秒間止め、もとの姿勢に戻って、今度はゆっくり左に上半身を曲げ、「1、2、3、4、5」と5秒間止め、再びもとの姿勢に戻る。これを5回行う。
⑩	後転	床に両足をそろえて仰向けに寝る。両足をそろえたまま持ち上げ、顔の上に膝が来るまで体を折り曲げ、爪先が頭の後ろの床に付いたら、両手で床を押し、勢いを付けて後転。

　けっしてムリせず、できるものから行ってください。からだが固くて痛い場合は、徐々に少しずつ進めてください。
　また、絶対に食後には行わないでください。内臓の働きに悪影響が及び、体調が悪くなります。さらに、十分な効果を上げるため、できれば毎日やるように心がけてください。

♣ダイエットにもよいストレッチ体操

　ご存じでしたか。筋肉は肝臓に次いでカロリーを消費してくれる場所です。ですから、筋肉が増えると眠っている間にもカロリーが燃焼します。
　ストレッチ体操で筋肉が付いてくると脂肪が減ると同時に、カロリーが消費されやすいからだ、太りにくいからだがつくられていくのです。

これは、大変に健康的なダイエット効果だといえるでしょう。

❸バカにできないラジオ体操

♣ラジオ体操は体のすべてを動かす

　うちの近くの公園で、毎朝６時半から年配の方たちが集まって「ラジオ体操」をしていらっしゃいます。みなさん定年を迎えられてからずいぶんたつ悠々自適の方々ですが、信じられないほどお元気です。

　なにしろ、体操を終えた後、上り下りの坂道を２キロ歩いて、早朝から開いている駅前のベーカリーショップにおもむき、焼きたてパンと挽きたてコーヒーの朝食を楽しむものが日課だというのですから。

　クルマやエレベーターに頼り切っている、あの方々の子ども世代の40代には、とてもじゃないけどマネできない芸当ではありませんか。

　あの元気のもとはラジオ体操だと思っています。なぜなら、ラジオ体操は、体のすべてをまんべんなく動かす体操のフルコースだからです。

♣ストレッチ＋ラジオ＝健康

　学校で覚えた「ラジオ体操第一」を思い出してみてください。ごく軽い運動から始まり、だんだん活発な種目に移っていって、最後はきちんと深呼吸をして終わります。専門家が計算して作ったスグレモノなのです。

　初めの「腕を前から上に上げて、背伸びの運動」は、ストレッチです。

　次の「腕を体の前で交差させながら、足を曲げる運動」は、軽い腕の運動と屈伸、「腕を内回し、外回しする運動」は腕と肩の運動、「前振り、後ろ反り」と「体側」はやはりストレッチ、「上半身回し」は足腰中心の軽い全身運動、そして「腕と足を開閉しながらの跳躍運動」は、この体操中最も激しい完全なる全身運動、それが終わると、再び最初の「腕を体の前で交差させながら、足を曲げる運動」を行ってからだを徐々に平静に戻し、おしまいには深々と深呼吸して、体操で消費した血中の酸素を補うべく、十分な空気を体内に送り込みます。

　実によくできています。ストレッチ体操にラジオ体操も加えれば、あなたの健康は飛躍的に増進するでしょう。え？「やりたいけど、時間がない」。

　職場の昼休みはいかがですか。または、朝ちょっと早く起きて、やる時間

をつくるとか。ただし、起床後すぐ、いきなりやってはダメですよ。からだを慣らしてから行ってください。これも毎日できればよいですね。

♣ダンベル運動はますます筋肉を付ける

　筆者の場合、ダイエットの最中、ダンベル運動を取り入れることでいっそうの効果を上げました。今も毎日続けています。厳密にいうとダンベルではなく鉄亜鈴（てつあれい）による運動で、5キロの鉄亜鈴を両手に持ち、合計10キロで毎朝やっています。

　鉄の板などを着脱して重さを調節できるものがダンベル、重さが決まっていて調節できないものが鉄亜鈴です。どちらを使っても効果は同じです。脂肪を落とし、筋肉を増やします。ただ、この運動はボディビルではありませんので、これをやったからといってマッチョなからだになることはありません。

♣鉄亜鈴の基本的メニュー

　筆者が行っている鉄亜鈴運動を紹介します。

【鉄亜鈴の基本的メニュー】

①	両手に鉄亜鈴を持ち、肩幅に足を開いてまっすぐに立つ。そのまま左右の手を交互に持ち上げ、鉄亜鈴が胸の高さまで来たら下ろす、というのを繰り返す。左右で1回と数え、20回行う。
②	両手に鉄亜鈴を持ち、「きをつけ」の姿勢でまっすぐに立つ。ゆっくりと両腕を前方に持ち上げ肩の高さまで来たら、左右にまっすぐ開く。 そのままの高さを保ちながら両腕を閉じ、もとの位置に下ろす。これを20回行う。 （これは大変にきつい運動ですので、最初はできないかもしれません。そんな方は、力が付いてきたらで結構です。）
③	両手に鉄亜鈴を持ち、肩幅に足を開いてまっすぐに立つ。両手を肩のところまで持ち上げ、左右の手を交互にまっすぐ上に上げ、二の腕が耳に当たるようにする。左右で1回と数え、20回行う。
④	両手に鉄亜鈴を持ち、「きをつけ」の姿勢でまっすぐに立つ。そのまま上半身を前に曲げ、「1、2、3、4・・・」と弾みを付けて上半身を動かして、自分の膝に顔が触れるようにする。これを20回行う。
⑤	両手に鉄亜鈴を持ち、肩幅に足を開いてまっすぐに立つ。そのまま上半身を左に「1、2」、右に「1、2」と交互にひねり、自分の尻をしっかり見るようにする。左右で1回と数え、20回行う。

　これをストレッチ体操と同じで、自分ができるものから始めてください。鉄亜鈴も自分に合った重さのものを選んでください。

❹でも、ムリは禁物

♣運動すれば効果は確実に出るが・・・

　友人に、筆者が教えたわがダイエット法を実行して約20キロやせ、健康になりつつある人がいます。58歳の女性で、鉄亜鈴運動をやってスカートが1号小さくなった人もいます。肥満と成人病で苦しんでいた55歳の男性も、鉄亜鈴のおかげで15キロ以上の減量に成功し、病気から解放されました。

　体に良いことを実行し継続すれば、良い結果が必ず出ます。

　でも、1つ注意してください。良い結果を出した人たちは、全員、けっしてムリをしていないのです。

♣自分のペースをつかんで、自分流で行くこと

　やはり筆者の友人で、両国の関取が裸足で逃げ出すくらいの巨漢男性がいます。しかし、運動神経は抜群で、学生時代は卓球の選手として活躍しました。その彼が、あるとき知り合いの勧めでダンベル運動を始めました。スポーツマンとしての自負心から、1日10分でよいところを、なんと連日1時間も筋力トレーニングに励みました。その結果、どうなったと思いますか。

　ダンベル開始3日目にして、完全に腰を傷めてしまったそうです。ダンベル運動は、重いものを持ち上げることで筋肉を付ける運動ですから、体を支える腰に大きな負担がかかります。だから、やりすぎると必然的に腰椎を損傷します。特に、彼は一般の人よりもずいぶんと体重が重いのですから、腰への負担も並みや大抵ではなかったわけです。

　筆者も、最初は3キロの鉄亜鈴から始めました。それでも先にお話ししたメニューのうち①しかできませんでした。それも、大変に時間がかかりましたので、休みながらゆっくりやりました。でも、毎日続けているうちにだんだんと他のメニューもできるようになり、半年後に5キロの鉄亜鈴に昇格することができたのですが、5キロで最もきつい②ができるようになったのは、始めてから1年後のことでした。

　ストレッチ体操もラジオ体操もダンベル運動も、くれぐれも自分のペースで行ってください。体調が悪いときは休んでください。からだをよくするための運動なのに、結果的にからだのどこかを悪くしてしまっては本末顛倒です。

　絶対にムリはしないでください。

③ 相手に応じて姿勢をつくろう

> **Point**
> ♣相手の体形・性格によって姿勢を変えると良い印象をあたえます。
> ♣大きい人には、胸を張ります。
> ♣小さい人には、膝を落とします。
> ♣元気な人とは、目を見て話します。
> ♣優しい人には、誠実さをアピールします。
> ♣気位が高い人には、プライドへの賞讃をします。
> ♣物静かな人には、控えめな態度で接します。

❶大きい人にはこの姿勢

♣体形・性格に応じた姿勢で話すと好感度アップ

　学校に勤めていたときにイヤというほど思い知らされました。人というものは全員違うんだなあ、と。問題行動を起こした生徒に注意を与える際、机を叩いて大声を出してもへっちゃらな生徒がいる一方、二言三言の叱責で泣き出してしまう生徒もいます。

　ですから、優秀な先生はふだんから冷静に生徒を観察し、自分が授業その他でかかわる多くの生徒１人ひとりと接するときには、各々どのような態度で臨むべきかを考え、学校にいる間中臨機応変に対応しているのです。教師の仕事は生徒との人間関係をつくることだ、といってもよいでしょう。

　たくさんのお客様と出会う仕事でも、このことは大変に重要です。お客様の個性にピッタリの接し方をすることができれば、お客様はいっそういい気持ちになって、あなたの好感度はますますアップします。また、性格ばかりでなく、その人の体形にも配慮して接すると、印象はぐっとよくなります。

　考えてみれば、相手が全くタイプの異なった人に変わっているのに、いつもワンパターンの同じ調子で接していると、こちらはラクですが、実はお客様は想像できないほどの不快感を抱いていた、ということにもなりかねませ

ん。とても小心な人を前に、叫ぶような演説口調で売込みをしたらどうなりますか。その人はセールスマンが恐ろしくなって、買う気が起こる前に席を立ってしまいますよね。

次に、体形、性格ごとの人との接し方についてお話します。

♣胸を張って直線的に見る

相手が自分より大きい場合は、胸を張って相手の顔を直線的に見るようにしましょう。このとき、自分の顔を上げずに目だけで相手を見てはいけません。いわゆる「上目（うわめ）使い」という見方ですが、これをやられると顔を下から覗き込まれたような感じがして、不愉快な思いをしてしまうことがありますから、必ず相手の顔を直線的に見るようにしてください。

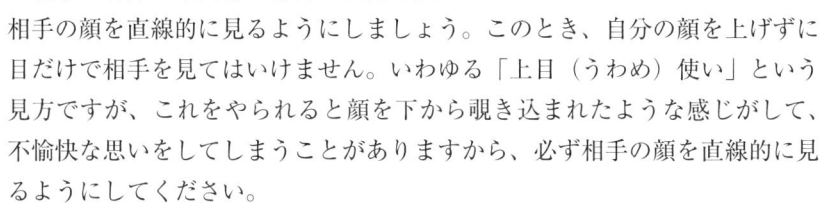

そして、相手の顔を見るということは、いうまでもなく相手の目を見るということです。実は、相手の性格によっては、必ずしも正面切って目を見ないほうがよい場合もあるのですが、それについては後述するとして、身長差だけを考慮するならば、大きい人に対しては目を直線的に見て接してください。

♣胸を張って首を上に向けると大きく見える

役者が舞台でよくやることです。勢いよく胸を張り、首を上向きにして視線もまた上方に投げます。すると、実際よりもその役者が大きく見えるのです。例えば、隣にその人と同じくらいの背格好の役者が並んでいたら、胸を張った人のほうが10センチくらいは大きく見えるでしょう。

事実、舞台上ではものすごくたくましい大男に見えた役者が、終演後のロビーであいさつをしている横を通ったら自分より背が低くて驚いた、という経験を何回もしています。

これをやりながら大きい人の前に出ると、あなたの姿が少し大きくなったように見え、相手はあなたを自分とほぼ同じくらいか、またはそれに近い背丈の人のように感じて、親近感を抱いてくれるはずです。

人は、自分と同じような体格の人間に親しみを覚えるものです。最もわかりやすい例は子どもです。幼年時代を思い出してください。大人はみんな雲をつくような大男大女で、親以外はとても怖かったでしょう。街を歩く若者

のグループを見ていても、だいたい似たような背格好の人同士が仲良くしています。そうすると、一種の安心感が得られるのでしょうね。

　つまり、身長差があるときは、それを視覚的に縮める工夫をすれば良いのです。鏡の前に同僚と２人並んで、交互にやってみてください。

❷小さい人にはこの姿勢

♣小さいことを意識させないこと

　相手が自分より小さい場合は「大きい人」のときと逆です。２メートルを越えるなどという例は別にして、背が高いことで悩む人はあまりいませんが、背が低いことをコンプレックスと感じている人は少なくありません。ですから、相手に背の低さを意識させないようにすることが大切になのです。

♣自然な姿勢で膝を落とす

　あまり必要以上に胸を張ることなく自然な姿勢で、相手の顔を見るときは心持ち膝を落としましょう。上から見下ろされていると感じさせないようにするのです。見下ろされているというのは、下から覗き込まれるよりも不愉快です。見くだされている、という感覚につながるからです。

　ですから、自分の顔を下げずに目だけで相手を見てはいけません。これこそ優越感をもって人を見下しているような印象を与える見方だからです。

　そこで、こちらの目を相手の目の位置にできる限り近付けるために、膝を落とすのです。

　しゃれた居酒屋などで、ウエイターがテーブルの横に膝間づいて注文を取るお店がありますが、あれもお客様の目に自分の目を近づけているのです。

　目の位置を近づけると、人の心はなごむのです。

❸元気な人にはこの姿勢

♣目と目を合わせて堂々と話す

　ここでいう元気な人とは、どちらかというと気が強くて社交的な人のこと

です。そういう人とは、胸を張って相手の目を真正面から見ながら、堂々と話すとよいでしょう。

ただし、このようなタイプは負けず嫌いであることが多いので、相手が対抗心や敵対心を抱かないようにする必要があります。つまり、出過ぎたヤツと思われないようにする、ということです。

そこで、絶えずにこやかに接し、ときには相手のいうことに大きくうなずいて、肯定賛同の姿勢を確実に見せることが大切です。

♣とにかく動作を明確に

元気な人は、元気でない人を見ると「しっかりしなさい！」と背中をドーンと叩いてやりたくなるものです。煮え切らないとか、優柔不断とか、どっち付かずとかいったことが嫌いです。

ですから、今目の前にいる相手が自分の話や自分自身をどう思っているのか、ということを逐一ハッキリ知りたいと考えながら話しています。好きなのか嫌いなのかをです。

そして、好きならうれしいですが、嫌いならもう会わなければいいだけのことだ、と割り切っています。ですから、あなたの立派なところを私は確かに認めていますということを、言葉と態度に表してしっかりと伝えなければならないのです。

また、元気な人は、自分に対する相手の反応もハッキリしたものでないといい気持ちがしません。したがって、とにかく総てにおいて明確に動作を行うことを心がけるべきです。

要するに、元気な人と会うときは自分もまた元気な人になることが大切だということです。

♣しっかりとお辞儀をしてお礼を述べる

それから、一言お礼をいっておいたほうがよいと感じたときは、速やかに実行することはもちろんですが、同時にしっかりとお辞儀をすることを忘れてはいけません。こういうタイプの人は、誰かに何かをしてあげたとかお世話をしたということをよく覚えていて、お礼の言葉はあって当然と考えてい

ます。

　ですから、こちらの謝意をハッキリ見せるために深く頭を下げましょう。
　敵に回すとやっかいなタイプです。良好な人間関係を保ちましょう。

❹優しい人にはこの姿勢

♣こちらも同じく誠実な人間です、とアピール

　優しい人とは、自分の我（が）を出さず、他人を尊重し、争いごとを起こさない、穏やかな人ですから、こちらも誠意をもって接していると感じさせることが重要です。こちらの態度が冷たいとか、厳しいというふうに感じさせてしまうと、自分がこれだけ誠実にものごとにあたっているのにどうして理解してくれないのだろう、と急速に落胆しやすいからです。

　このタイプの人は不正、不道徳、不義理といったことを嫌いますから、こちらも同じ種類の人間だと思ってもらえばよいわけです。相手のいうことを熱心に聞いて、やはり肯定賛同の意を伝え、こちらの誠実さをもアピールしてください。

♣相手の目の少し下を見て話す

　お話をするときに、相手があなたの目をあまり見ない、たまにしか見ないという場合は、相手の目を正面から見ることなく、目の少し下を見て話してください。あなたの目をあまり見ないのは、実は人見知りをする内向的な人であり、気の弱い一面を持っているのかもしれないからです。

　目そのものではなく、目の少し下に視点を定めると、相手の緊張が弱まるという効果があるのです。逆に、目の少し上を見ると、相手に威圧感を感じさせます。

　目は口ほどにものをいうといいますが、目の使い方で印象がガラッと変わりますので、注意しましょう。

♣動作は「内向き」に小さく

　リラックスした姿勢をとり、ソフトな声でこちらも優しく話しましょう。
　相手を驚かさないように、動作は「内向き」に小さく行いましょう。
　「内向き」の動作とは、何かを取ったり示したりするときに、腕を大きく振っ

たりハデに動かしたりせず、手のすべての動きを自分のからだの幅の中で行うものです。自分の上半身の横幅からはみ出さないように、手と腕を動かすのです。

例えば、テーブルの上の本を取るとき、手を伸ばせば少し離れたところからでも取れますが、これだとからだの横幅から見事に腕が飛び出してしまいますから、まずからだをテーブルの前まで持って行き、本の位置をからだの横幅の中に入れてしまった上で、本を取るのです。

そうすればからだの幅の中の動きで事足りるでしょう。鏡の前で練習し、さっそく実践してください。

❺気位が高い人にはこの姿勢

♣相手の目を見て、動作は「内向き」

気位が高いというのは、要するにプライドが高いということですが、こちらがあまり卑屈になるとかえってバカにされたと思って怒り出す人もいますから、良い姿勢で、相手の目を正面から見て話をしましょう。

間違っても、目の上を見てはいけません。先ほど威圧感を与えるといいましたように、生意気だという印象を与えてしまいます。

しかし、いずれにせよ態度が大きいと思われるのは得策ではありませんので、動作は、これも先ほどお話した「内向き」のほうがよいでしょう。

そして、こういう人は、プライドを傷つけたら人間関係は一巻の終わりですから、それだけは重々心しておくことです。

♣ほめ讃え、「教えてください！」

気位が高い人には、106頁〜117頁の「好感度を与える話し方トレーニング」の〈1〉「とにかく相手を『いい気持ち』にさせる」を、せっせと実践してください。抜群の効果が上がります。

相手のプライドを最高に尊重し、場合によっては頼り切ってしまう。その人が使っているモノではなく、それを選んだその人のセンスをほめる。相手が得意なことをほめ、その分野について教えてもらい、「熱中」を共有する、といったことでしたね。

ただし、くれぐれもわざとらしいと思われないように注意してください。

♣プライドは劣等感の裏返し、ということもある

友人の会社でのお話です。

とても気位の高い課長がいました。部下をアゴで使い、例によってけっしてほめません。何にでも口を出して人を批判するくせに、自分は先頭に立ちません。課の会議でとうとうと持論を述べるのですが、最後は決まって説教になり、毎回みんなウンザリしています。

ところが、あるとき課長が大卒ではないことがわかったのです。その会社の社員は99％が大卒でした。課長の言動の根源には、強烈な学歴コンプレックスがあったのです。

このように、ゆがんだプライドというものもありますので、注意と観察が必要です。

❻物静かな人にはこの姿勢

♣すべてを控えめに

口数が少なく、物腰が柔らかく、立ち居振る舞いが静かで、出しゃばらず、いつも一歩下がっている、というのが、物静かな人です。こういう人には、こちらもまた控えめな態度で接するべきでしょう。

相手を緊張させないように、やはり目の少し下を見て話しましょう。姿勢もリラックスして、動作も「内向き」がよいですね。声は、ソフトな声で、それも静かにゆっくりと話してください。相手の世界にドカドカと荒っぽく足を踏み込んでしまうのが最もいけませんので、ともに物静かな環境を保つべく努力しましょう。

大声、高笑い、早口、モノを投げる、ドスンと座る、急に身をひるがえす、といった行為は避けてください。

♣物静かで気位が高いとやっかい

意外に多いのですが、表面上はとても静かで控えめな人が、実際は大変にプライドが高い場合があります。これはいささか難物です。なぜなら、なにしろ口数が少なくて、何度か会ったくらいでは、そこのところが全くわからないからです。

こちらが気付かないうちに機嫌を損ねて実はとても怒っていた、というよ

うなこともままあります。プライドが高い人が怒るのは、ほとんどがそのプライドを傷つけられたときなのに、プライドのもとを確かめておけないから知らずに傷つけてしまうわけです。

♣プライドのもとを本人に確かめる

その方策ですが、「何か、これだけは譲れない、許せない、ということがありますか」というふうに、本人に直接聞いてみるのが早道です。こんなことを唐突に尋ねるとかえって変に思われますから、もちろんそこはうまく話を組み立ててです。

こちらが率直に尋ねれば、相手も率直に話してくれるでしょう。そして、プライドのもとがわかったら、「気位の高い人にはこの姿勢」でお話したことを加えて実践してください。こういう人には、一度信頼されたら強いです。よい人間関係を築いて長くお付き合いしましょう。

♣よくあるプライドのもとは

参考までに、人が往々にしてプライドを高くするもととなるものをあげておきます。これらの誇りは、1人の中に複数存在し、増加するほど強固になります。

項目	プライド
高学歴の誇り	大学院を出た、外国の大学を出た
高偏差値の誇り	国立○○大学法学部を出た、超難関私立高校を出た
職業の誇り	中央官庁、大企業に勤務している
出自の誇り	その地域の歴史的旧家、貴族の家柄の出だ
富裕の誇り	とにかくお金をたくさん持っている
住まいの誇り	地価の高い一等地に住んでいる
苦労の誇り	低学歴なのに苦学力行のすえ出世した
容姿の誇り	姿形に絶対の自信がある
能力の誇り	仕事上の能力にこのうえない自負がある
趣味の誇り	その趣味にかけては玄人はだしだ
語学の誇り	外国語の能力では誰にも負けない
人生哲学の誇り	自分の人生から得た教訓は金科玉条だ
エリートの誇り	同期の中で最も昇進が早かった
家族の誇り	父母、配偶者、子など家族が、上記の誇りに満ちた人間だ

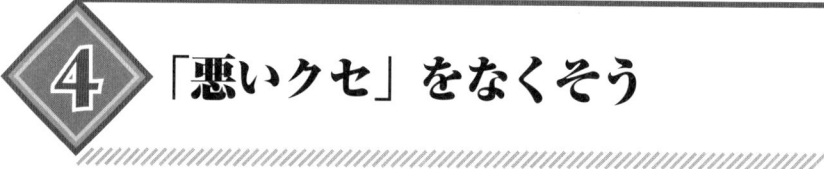

④ 「悪いクセ」をなくそう

> **Point**
> ♣ 心にひっかかるものがあると、クセになって出ます。
> ♣ みんなで教え合ってクセを直しましょう。
> ♣ クセは不快感を与えます。
> ♣ クセを直すには心を平穏に保つことが必要です。
> ♣ クセを逆手にとった演技の見本は水谷豊さんです

❶心にひっかかるものがあるとクセになって出る

♣ 「からだのクセ」は「心のクセ」

　何かトラウマのように心にいつも沈殿している感情があると、それがクセという形で表に出ることがあります。

　よく似ているのが幼少年期に見られるチック症状です。これは、主にストレスが原因で、指しゃぶり、爪噛み、足踏み、飛び跳ね、奇声、まばたき、口すぼめなどの動作をくり返すものです。

　本人が幼く、ストレスの原因を究明して周囲に説明できないため、誰もストレスを取り除くことができず、症状の解消もできません。そこで、普通は専門家に相談することになります。

　心の中にわだかまっているものが表面に現れているという点では、大人のクセもチック症状と同じだといえるでしょう。

　小学校時代、教師にひどく叱られ続けた人は、中学校や高校でも教師に対してなかなか心を開けず、先生の目を見て話すことができなかったり、あるいは猛烈に反抗してしまいます。

　また、犯罪者の一部は罪を犯した劣等感から、一般人と会話をするとき、自分の言葉を隠すように口元に手をやる傾向があるそうですし、貧乏揺すりは、精神的に満たされないものを持っている人に多く見られる、と聞いたことがあります。

中学時代に肥満をバカにされ続けたために自身のからだに強いコンプレックスを感じて、無意識のうちになるべくからだを動かしたくない、目立ちたくないと思うようになり、それ以来、人前では左右の腕のひじをほとんどからだから離せなくなってしまった人もいます。
　それが人に不快感を与えているならば、クセは直すべきです。相手がお客様ならなおさらです。でも、クセというものはほとんど自分では意識できていません。ですから、お互いに指摘し合う必要があるのです。

❷チェックミーティングで「悪いクセ」を指摘

♣全員合意で失礼にならないように教えてあげよう

　まず、お客様への好感度を上げ、印象をさらによくして職場の成績をアップするという共通の目標を、職場全体で今一度確認しましょう。
　そして、そのためにお互いの気になるクセを指摘し合って直していくことを、全員で了解してください。もし全員の了解が得られなければ、実行はできません。
　チェックミーティングでクセを指摘するときは、あくまで客観的に事実だけを述べましょう。特に、上司や先輩がいってパワーハラスメント、異性がいってセクシャルハラスメントと誤解されるようなことは、絶対に避けなければなりませんので、十二分に注意してください。
　むろん、人権問題になるようなことには触れてはいけません。特に、からだの特徴に関係することは御法度です。

♣よくあるクセを直せば、スタッフも仲良くなる

　「課長が社員食堂で、定食の味噌汁のお椀を片手でひと揺らししてから口を付ける、その飲み方がたまらなくイヤです」というOLさんの意見を新聞で読んだことがあります。これはずいぶん極端な例だと思いますが、自分の行動の何が他人の気に障っているか、自分には本当にわからないものです。
　人前で知らないうちにやっているクセで、よくあるものをあげてみます。

【人前で知らないうちにやっているクセ】

- 髪の毛をかき上げる。
- 目を細めて遠くを見る。
- メガネを上げる。
- ポケットに手を入れる。
- 腕を組む。
- アゴをなでる。
- ほおづえを突く。
- 体を揺らす。
- 股を開いて座る。
- ヒゲを抜く。
- 目をこする。
- くちびるをなめる。
- 音を立てて食べ物を噛む。
- 机を指ではじく。
- 靴で床を蹴る。
- 舌打ちをする。
- 大声でクシャミをする。
- 手で口を覆わずに咳をする。
- ひんぱんに携帯電話を見る。
- 書類などを机上に放り投げる。
- 大口を開けて爪楊枝を使う。
- 歯にはさまった食べかすを指で取る。
- ボールペンを手の上で回す。
- シャープペンシルの先などで爪のアカを取る。
- 耳の穴に小指を入れる。
- ネクタイの結び目に手をやる。
- しょっちゅう腕時計を見る。
- 背中をかく。
- 体を傾けて立つ。
- 手の関節を鳴らす。
- 化粧室でない所で化粧をする。
- やたらと鏡を見る。
- 机の上に足を上げる。
- 飲んだ後のマグカップを洗わずに放置する。
- 筆記用具をペン立てに立てず机上にたくさん転がす。
- 自分の書類などが隣の人の机にはみ出す。
- ペンなどを口にくわえる。
- すぐため息をつく。
- 大きな声を出してアクビをする。

等々。

　思い当たるものがありませんか。こういったクセを直していくと、スタッフ同士の人間関係も改善されていきます。お客様への好感度が上がり、スタッフ相互のコミュニケーションも向上すれば、これは一挙両得です。

❸ 「不愉快な動き」を確認

♣お客様にうかがってみるのもよい

　スタッフが不快な気持ちを起こさせる動きをすることがないか、お客様にうかがってみることも1つの方法です。よくアンケートで聞くことがありますが、字を書いて答えるのを面倒に感じる人もいますから、そのお客様が十分気心の知れた方でしたら、口頭で答えていただいて構わないと思います。
　アンケートというものは、記入の煩雑さを取り除くためにとてもカンタン

な記号選択式にすると、具体性に欠けて問題点がハッキリと見えてこない場合がある一方、詳しく書いてもらう記述式にすると、回収率が低くなって少数意見しか集まらず、多くの人たちの意向が伝わってこないことになる場合もあります。

　アンケートをつくるときは、こういう点に留意して、答えるのがラクで回収率も高くなるようなものを工夫して作成することが肝要です。

♣お恥ずかしい筆者自身の例

　20代のときの体験を、お恥ずかしいのですがお話しましょう。

　職場で年度始めの記念写真を撮ったときのことです。観光地の団体写真のように、階段式のひな壇に乗って撮影するのですが、立っている筆者の後ろから大先輩の男性がいったのです。

　「あんた、猫背だねえ。前からそう思ってたんだけど、直したほうがいいよ。内臓や骨に悪いし、だいいち年寄り臭い」。

　筆者はショックでした。ほとんどその自覚がなかったのです。ですから、社会人になってからこのかた、自分はずうっと猫背でやってきたのかと思うと、ものすごく情けなくなりました。これは悪しきクセだったわけです。

　もの心付いてから座高が高いことに気づき、これが大きなコンプレックスとなりました。中学時代まで太めの体形でしたので、細くてスラッと脚の長い友だちが羨ましくて仕方ありませんでした。高校時代から肥満ではなくなり、大学に入るころには逆に不健康なくらいスリムになっていましたが、座高の高さは変わりませんでした。

　そこで、少しでも脚を長く見せるために上半身をかがめて歩くようになってしまったのです。これがわが猫背の始まりだったのだ、と思います。心のわだかまりが生んだクセの典型的な例です。あれが今なら、ジーンズずり下げの短足ファッションがはやるご時世ですから、苦労がなかったろうにと苦笑せざるをえません。

❹心はいつもやすらかに

♣心の状態がからだに出る

　いくら職場でチェックミーティングをして悪いクセを直しても、あなたの

心がいつもいら立っていると新たなクセが生まれてきます。ですから、いつも心を平常に保つ努力をしましょう。

これは基本中の基本ですが、家庭を平穏に、職場を平和にしておけば、いつなんどきお客様の前に出ても、あなたのからだは生き生きとしているはずです。

「病は気から」といいますが、あれは真実です。「健全な精神は健全な肉体に宿る」のではなく「健全な肉体は健全な精神に宿る」のです。

♣いつも心は「感謝」と「うれしい」

仕事というものには、必ずお客様があります。お客様がいらっしゃるから仕事が成り立つのです。当たり前ですが、お客様がいなかったら仕事は存在し得ません。ここのところをけっして忘れてはいけません。

ですから、お客様に対しては常に「仕事をさせてくださって、ありがとうございます」という感謝の気持ちと、「仕事をさせていただいて、うれしいです」という喜びの気持ちを向けましょう。

そういうプラスの心は確実に相手に伝わるものです。そして、やがて何倍にもなって返ってきます。

♣プラス思考が笑顔のもと

何かイヤなことがあったり、失敗してしまったときは、クヨクヨと悩むのではなく「これは自分を成長させてくれる良い機会が与えられたということだ」とプラス思考でとらえて、力のある人に助けを求めたり、素直に非を認めて謝罪し、やり直しましょう。

我を張らず、物事を他人のせいにせず、常に感謝して仕事をしていけば、自然とすばらしい笑顔でお客様に接することができるようになるはずです。

♣チャームポイントをつくって引きつける

初めて入ったレストランのウエイターとウエイトレスがイケメンと美人だったら、お客様のカップルは２人とも、それだけでなんとなく気分が良くなりますよね。

容姿端麗というのは、実はそれだけで立派なチャームポイントなのです。でも、別に容姿端麗ではなくてもチャームポイントを開発して身に付ければ、その人にお客様は引きつけられるようになります。

ヘアースタイルが独特でキマッテいる。ユニークなメガネがバッチリ似

合っている。胸のアクセサリーが粋だ。声がソフトで魅力的。物腰が柔らかくて優しい。何かを頼むと絶対に手を抜かない。身のこなしにムダがなくさわやか。いつも折り目正しい態度が好印象。何を聞いても120％の解答が返ってきてさすが。笑顔がかわいくて若々しい、などです。

　あなたのチャームポイントをつくって、オンリーワンを目指しましょう。

❺まねるは学ぶ：水谷豊さんの「相棒」的演技

♣チャームポイントに満ちた人物を造形

　テレビ朝日系のドラマ『相棒』で見せる水谷豊さんの演技からは、教わることが多いですね。

　いつもビシッと着こなしている3つボタンのスーツ。フレームレスのメガネ。太めゴムのサスペンダー。良い趣味のネクタイとワイシャツ。清潔感のある胸ポケットのハンカチ。丈が長めのコート。ヨーロッパ調の革靴。オールバックのヘアースタイル。

　身に付けている物や髪型のどれもが、見事に役の人物・杉下右京警部のチャームポイントになっています。

　また、右京は東大を出てイギリスに留学した人物という設定なので、好む飲み物は紅茶で、使うティーカップも洒落た絵が施された高級品、というのも右京の特徴を表しています。独身の右京がよく訪れて飲食をする店が純和風の料理店で、和服の美人女将のお酌で日本酒を飲むという趣向は、英国紳士然とした右京もやはり日本人なのだという、彼の内面を表現しています。

♣「良いクセ」をいくつも持った杉下右京

　さらに、水谷さんは右京を演じるとき、次のような演技プランを立てているように見えます。セリフはいつでもハッキリという。手を後ろで組んで歩く。いつもからだはまっすぐにする。事件の推理をするときは無表情。相手の目を見ないで話すことが多い。めったに感情をおもてに出さない。言葉にいつも一定の抑揚を付ける。けっしてガツガツと飲食をしない。

　ここには、現実の世界で一歩間違えると、先にお話した「悪いクセ」と化してしまう危険性を持ったものが含まれています。

　しかし、水谷さんは、これらを右京の「良いクセ」として演じることに成

功しています。脚本も右京は誰に対しても敬語でしか話さないように書かれていますし、演出も彼の几帳面で礼儀正しい人柄をうまく描くようになされています。

　でも、水谷さんが杉下右京とはこういう人間なのだと規定し、それを基準に、話し方、身のこなし、表情のつくり方から、衣裳、小道具までを1つの線で統一しているからこそ、1人の人間の存在が現実感をもって立ちのぼってくるのです。

　お客様にあなたを覚えてもらうには、あなたのすべてがあなた以外の何者でもない、と思わせることです。あなたの個性を身にまとって、あなたにしか演じられないあなたを創り上げてください。

♣あなたならではの個性を演出

　やりすぎると逆効果なので注意が必要ですが、1つのポイントで押すというやり方をしてもそれがトレードマークになって、個性が前面に出ます。

　例えば、ネクタイをいつも水玉模様のデザインのものにする、場面に応じてメガネを変える、杉下右京のようにスーツは常にイギリス調のものを選ぶ、アクセサリーはシルバーで統一する、ワイシャツの柄はストライプと決める、仕事のときと休みのときでヘアスタイルをチェンジする、着る服のデザインによって腕時計を変える、などです。できることから試してみてください。

　メガネを例にあげると、ビジネスシーンではおとなしくベーシックなデザインのもの、セルフレームでもメタルフレームでもフレームレスでも、落ち着いた色と形のものを選びましょう。その日の服装の色と合わせてみるのも楽しいです。

　一方、カジュアルな場面では、Tシャツやジーンズにマッチする遊び心満点のメガネをかけてみましょう。色、形、材質のどれをとっても斬新な製品がたくさん出ています。

　最近では、とてもお手頃な値段で、しかもその場でメガネができ上がってすぐに持ち帰ることができるお店もあります。

　先日も日曜日に、オレンジ色のセルフレームのメガネをカッコ良くかけているジーンズ姿の40代の男性をお見かけしましたが、よくお似合いでした。

　近ごろの男子学生さんたちは、太く大きいフレームのものを愛好しているようですが、年配の方でもお顔の形に合えば、休日はああいうメガネで遊んでみてはいかがでしょうか。

　お休みの日に同僚やお客様と会ったときに、職場とはガラッと違った人のように感じられたら、それはもうあなたの立派な個性になります。

⑥ イメージトレーニングで好感度に磨きをかけよう

　鏡の中の自分を評価。そして、さまざまなお客様、いろいろな場面を想像して、お客様、スタッフを5分間演じてみましょう。どんな局面にも落ち着いて対応できるアドリブの達人になることができます。

1 まずは1人でロールプレイング

> **Point**
> ♣鏡に映る自分を直視します。
> ♣自分の長所短所を自己評価します。
> ♣「売り込み」を演じてセールストークを実践研究します。
> ♣「商談」を演じて駆け引きを練習します。
> ♣常に10通りの相手を想定します。
> ♣「アドリブ」の達人になれば、鬼に金棒です。

❶鏡の前で、ヘタでもいいからやってみよう

♣鏡でセルフ・ロールプレイング

では、鏡を使ってイメージトレーニングを兼ねたロールプレイングをやっていきましょう。

ロールプレイングとは、演劇的手法を応用した対人関係の訓練法です。全然難しくありませんから、楽しみながらやってください。これを継続的におこなっていくと、次のような効果が上がってきます。

① 人と対面するときにアガラないようになる。
② 相手に対して自然な動きで対応できるようになる。
③ 相手の言動を予測できるようになる。
④ どんな人や場面にも臨機応変に対処できるようになる。
⑤ 相手にタイミングよく言葉をかけられるようになる。
⑥ その時々に適した言葉を選んで使えるようになる。

つまり、あなたの好感度がますますアップしていくのです。

具体的にいいますと、ロールプレイングは「さまざまなシーンと人物を想定して行う即興劇」です。政党などへの入党の勧誘、保険の外交などの仕事に携わる人たちの間では、ずいぶん以前から活用されてきました。最近では弁護士さんたちが消費者教育に使ったり、法律の学習として模擬裁判という

形で行ったりしています。

　5～6人で実施するのが普通ですが、ここでは1人でできるセルフ・ロールプレイングを提案します。

♣「10のあいさつ」をしてみよう
　次の10のあいさつを1つひとつ、鏡の前でいってみてください。
【10のあいさつテスト】
① いらっしゃいませ
② おはようございます
③ こんにちは
④ こんばんは
⑤ 失礼します
⑥ おじゃまします
⑦ 失礼しました
⑧ おじゃましました
⑨ ありがとうございます
⑩ ありがとうございました

　そして、それぞれをあなたの一番良い表情でいってください。一番良い表情とは、最も好感度が高い表情です。あなたが最高にさわやかに見える表情を開発し、いつでもその表情が自然に湧き上がってくるようにしてください。そのつど鏡を見なくても、その表情ができるようにするのです。

♣笑顔の練習
　もしかして、どうしても良い表情がつくれない人は、（5）「好感度を与える表情と姿勢のトレーニング」の〈1〉の❸「好感の持てる表情」を参考にしながら練習してください。
　大事なのは、心の底から一番良い笑顔が湧き起こってくるように自分をコントロールすることです。作り笑いは絶対にダメです。そんなものは一瞬のうちに見抜かれて反発を招き、全くの逆効果です。過去にすばらしいお客様と出会い、大変に良い仕事ができたことなどを深い感謝の気持ちとともに思い出すのです。そして、鏡の中にいる自分をそのお客

1 まずは1人でロールプレイング

様だと思うのです。

　また、笑ったときに前歯が見える人と見えない人がいますが、前歯が見える人の、その前歯がきれいでなかったらどうでしょうか。まことに申し訳ないのですが、笑顔自体が満点でも歯が汚かったら台無しどころかマイナスイメージです。きちんと手入れをし、治療しておくべきです。もちろんそれは前歯があまり見えない人も同様です。

　さらに、男性ならヒゲの剃り残し、伸びた鼻毛、荒れたくちびる、顔面のうぶ毛、手入れ不足の髪やフケ、女性なら濃すぎるメイク、逆にまるっきりのノーメイク、やはり手をかけていない髪など、たとえ笑顔ができていてもお客様に不快感を与える恐れのあるものは、常に点検して、取り除き、改めていきましょう。

　加えて、口臭、体臭、強すぎる香水も注意すべき重要なポイントです。

❷自分のすべてを常にチェック

♣全身を鏡に映して10項目評価

　次に、あなたの体全部を鏡に映してください。そして、そこに映っている人を今日初めて会った人だと思ってください。現実のあなたはお客様です。鏡の中のあなたは、現実のあなたに何かを売ろうとしている人です。

　さあ、お客様の目で鏡の中のあなたを見て、次の項目についてA「はい」、B「いいえ」、C「どちらともいえない」で評価してください。

【全身を鏡に映して10項目評価】

① 第一印象は良いですか	A・B・C
② この人から何かを買いたいという気持ちになりますか	A・B・C
③ この人とお話をしたいと思いますか	A・B・C
④ この人と仕事を越えておつき合いをしたいと思いますか	A・B・C
⑤ 元気な人に見えますか	A・B・C
⑥ 良い人に見えますか	A・B・C
⑦ 健康な人に見えますか	A・B・C
⑧ 営業成績は良さそうですか	A・B・C
⑨ あなたはこの人が好きですか	A・B・C
⑩ この人にまた会いたいですか	A・B・C

　普通、鏡の前に立つ目的は身だしなみをチェックするためですが、ここで

はもっと深く、あなた自身を洞察して評価するのです。

Aは5点、Bは0点、Cは3点として計算し、採点してください。

合計点が35点以上で合格です。しかし、満点の人以外は、次の方法でBやCを付けた理由を自己分析して、それを改善する努力を早急に始めてください。

♣自分についての客観的な印象を10個書く

あなたと初めて会ったお客様のつもりになって、鏡の中のあなたの第一印象を具体的な文章で書き出してください。良い点と悪い点の両方を5つずつです。そして、今行った「10項目評価」でBやCを付けた理由、またはその関連事項が5つの悪い点の中にあるかどうかを確かめてください。たいていは、理由はすべてあがっているはずです。

例えば、悪い点として「顔色が良くない」「表情に張りがない」などをあげたとすると、10項目評価の「1」「5」「7」はBかCのはずですから、これらがその理由となります。

❸「売り込み」「商談」を演じることは自信を生む

♣擬似体験で自信を得る

ロールプレイングの優れたところは、テーマとなっている行為を何度でも経験できることです。頭で考えているだけでなく、それを実際に行うわけで、つまり、これは擬似体験です。

そして、いろいろなケースを想定して実施しますので、仕事に関してさまざまな経験をしたのと同じような感覚を得ることができ、それが自信につながっていきます。本番さながらの稽古を積んでいますので、いざ舞台に上がっても余計な緊張をしないですむわけです。

万が一アクシデントが起きても、それが稽古済みの内容なら問題なく、稽古で体験していないことでも、もともと変に緊張していませんから落ち着いて対処できます。今までお話してきたことを総動員して臨んでください。

♣「売り込み」こそ好感度がモノをいう

ロールプレイングで「売り込み」を扱うときは、(4)「好感度を与える話

し方トレーニング」をテキストにして、とにかく好感度でお客様を魅了する話し方を研究してください。

特に、〈2〉の「好感度を与える『商品説明』はこの順番で」は、いろいろな商材でやってみて、完全に自家薬籠中のものにしてしまってください。その気がない相手を買う気にさせ、現実に買わせるのが目的の「売り込み」には、好感度トークが欠かせません。本書で学んだことを実践してください。

♣「商談」の稽古は取引と駆け引きの勉強

「商談」は、売る側と買う側が、お互いの利益を追求しながら共存共栄していこうとする話し合いです。両方の妥協点を見出すまでには何度も駆け引きをし、よしとなったところで取引が成立します。双方は当然自分の利益を少しでも大きくしようと考えますから、駆け引きは真剣勝負となります。

ですから、さまざまな相手を想定してロールプレイングを何回もやっておくと、駆け引きのパターンが体得され、「商談」上手になっていくことができます。

歳を重ねて実体験を積むまでもなく、ロールプレイングは若い人を百戦錬磨のベテランに成長させます。

❹「アドリブ」を使えるようになるから、どんな場面でもあわてなくなれる

♣「『さしすせそ』トーク」で「アドリブ」の達人に

ロールプレイングでは、お客様の心を開いて交流を深める練習もするべきです。そのためには、お客様との会話の接点をどのように見つけるかがカギになりますが、世代、性別などが異なると、これがなかなか難しいものです。

そこで、お客様から上手に話題を引き出して場を盛り上げる「アドリブ」テクニックとして、「『さしすせそ』トーク」というものをご紹介します。

これは筆者が考案したもので、「さ」から順にお客様に投げかけていきます。「さ」でダメなら「し」、それにも乗ってこなかったら「す」、という具合です。「そ」は最後の手段ですが、たいていは「さ」と「し」だけで十分に会話が成立します。

話し方のコツについては、しつこいようですが、（4）「好感度を与える話し方トレーニング」の〈1〉「とにかく相手を『いい気持ち』にさせること」

をテキストにしてください。

【『さしすせそ』トーク】

「さ」	「最近のニュース」。相手が好みそうなニュースを選んで話題にします。ただし、インテリでテレビなどをまるで見ない人に芸能人のゴシップニュースを、逆に、テレビのバラエティー番組にしか興味がなさそうな人に為替レートの変動ニュースを投げたりすると徹底的に嫌われますので、相手のレベルが読めないときは、凶悪な犯罪とか大規模な災害とか著名人の結婚など、誰でもが知っているニュースを選びましょう。
「し」	「仕事」。学生さんの場合は「学業」、専業主婦の場合は「家事」「子育て」がこれに当たります。相手の仕事があなたにとって全く未知のものでしたら、わからないことをどんどん質問しましょう。きっと喜んで話してくれます。「教えてください」で押すのです。
「す」	「住まい」。住所や家の造作について尋ねます。その土地があなたの知った場所なら話が合ってうれしいですが、そうでなかったら交通手段、名所、産物などについて質問すればよいのです。また、家が持ち家なら、自慢したいことや建築の苦労話などには事欠きませんし、マンションや借家住まいで、行く末は一軒構えたいと思っている人なら、そういう夢を語るでしょう。
「せ」	「世帯」。家族のことです。同居別居の区別なく、親兄弟のことを訊きます。関係が良好なら話題は尽きないところですが、図らずも相手と家族の人間関係が良くなくて、本人が話したがらないようでしたら、すぐに話しを終えてください。ムリに続けると、興味本位で聞きたがっていると思われて最悪の結果を招きます。
「そ」	「育ち」。「ご出身地はどちらですか？」と質問してみましょう。普通はとめどなく話が出てくるものですが、相手が故郷になんらかのコンプレックスを抱いていて、その土地について不機嫌そうに否定的なことばかりいうようでしたら、やはり早めに話題を打ち切ったほうがよいでしょう。あなたとの会話が相手の中に不愉快な記憶として残ってしまい、あなたにとって得策ではありません。

もし、不幸にも「さしすせそ」全部を放っても会話が成り立たなかったときは、「やっていて楽しいこと」について訊いてみましょう。すなわち「趣味」の話です。

映画鑑賞、楽器演奏、釣り、買い物、トレーニング、ウォーキング、ドライブ、温泉旅行、読書、柔道、剣道、合気道、空手道、囲碁、将棋、パチンコ、マージャン、競輪、競馬、音楽鑑賞、美術館めぐり、外国旅行、ワインとフランス料理、手芸、写真、書道、野外バーベキュー、料理、そば打ち、盆栽、切手収集、華道、茶道、登山、水泳、ダンス、詩、小説、短歌、俳句、自費出版、油絵、ダイエット、ビデオ撮影編集、日本酒、日曜大工、等々。

最近は趣味の世界も種類が多岐にわたるようになり、1人でいくつものこ

とをたしなむ人も多いですから、何かと話の接点が見つかりやすいと思います。

しかし、たいがいの相手は楽しく話し始めるはずですが、自分は無趣味なので……などといって口ごもる人がいましたら、「では、お休みの日は何をなさっていらっしゃるんですか」と尋ねましょう。こう聞かれれば「〜をしている」と答えざるを得ませんので、会話のきっかけができます。

それでもなお「ただ寝ている」のような味気ない答えしか返ってこなかった場合は、「お疲れでいらっしゃるのですねえ」といいながら、相手の体調や仕事の忙しさなどに心を配った言葉をかけてみてください。疲労の原因に相手の思いが及んで、必ず話の糸口になっていくと思います。人は心配されるとうれしいものです。

♣人物設定10人で「アドリブ」技術はさらに完璧

複数の人数でおこなうロールプレイングは、相手が放つ予期しない言動にいかにうまく対処していくか、という知恵と技術を習得するものですが、1人で行うセルフ・ロールプレイングは相手の役を演じる人がいませんので、これを確実にイメージする必要があります。

そこで、あなたの仕事のお客様に多いと思われる、10とおりの違った人物パターンを設定して練習に励んでください。これから述べる人物設定の基準には、特異なものは含まれていませんので、特に変わった人間以外はだいたいあてはまるはずです。ですから、練習を重ねれば、初めて会った相手でも上手に対応することができるようになっていきます。

人物設定は、次の項目を組み合わせて行います。

【人物設定】

①	性別	男性　女性
②	年齢	10代　20代　30代　40代　50代　60代　70代　80代以上
③	職業	企業経営者　企業幹部　企業管理職　企業社員　専業主婦　学生　自由業　公務員　無職　その他
④	性格	気が長い　気が短い　気が強い　気が弱い　温厚　厳格　話し好き　無口　高慢　腰が低い　疑い深い　信じやすい

組合せは、例えば「男性、50代、企業幹部、気が短い、気が強い、高慢」「女性、30代、企業社員、気が長い、気が弱い、無口」といった具合です。④「性格」からはいくつかを同時に選んで性格設定をしてください。

人物設定ができたら、1人につき1枚ずつ紙に設定内容を書きます。
　次に、チラシ広告のモデルさんや新聞雑誌に載っている有名人のものでもなんでも構いませんから、設定した人物をイメージできる人の写真を持ってきて、各々の紙に貼っていきます。で、これらを10とおり、10人分つくります。
　そして、1人ひとりに名前を付け、それぞれの紙に書きます。山田一郎、河合英子、といった、思いつくままの適当な名前で結構です。つまり、架空の人物10人のごくごくカンタンな身上書を作成するわけです。
　または、架空の人物ではなくて、あなたがよく知っている人、家族、親戚、近隣の人物、友人などを、同様のやり方で何人か設定するといっそうイメージがハッキリしてよいでしょう。どうしても架空の人物を想像できない人は、初めから実在の人物を設定したほうが早いですね。ただ、その場合も身上書は必ずつくってください。

♣復習「セルフ・ロールプレイングの極意」
　では、1人で行うロールプレイングについて、まとめながら振り返ってみましょう。
　鏡の前で「10のあいさつ」を、あなたの最も好感度が高い表情でいう。そして鏡を見なくても、いつでもその表情をつくれるように練習する。
　その際、自分の身だしなみもあわせてチェックし、お客様を不快にさせる要素があれば取り除く。
　そして、全身を鏡に映し、自分自身について「10項目評価」を行う。それが終わったら、鏡の中の自分から感じる良い点と悪い点を5つずつ書き出し、評価結果と照らし合わせて総合的に自身を分析する。
　本書で学んだ好感度トークをどんどん実践していく。
　「さしすせそトーク」を習得して実行し、実際それでもうまく話が噛み合なかったときのために、さまざまな「趣味」についての知識も貯えるべく勉強します。
　性別、年齢、職業、性格の項目を組み合わせて10人の人物を想定し、顔写真を張り、架空の名前をつけた身上書をつくります。
　少しでも不明の点は、何度でも本書を読み返して確認してください。

♣「趣味」についての勉強
　お客様とのコミュニケーションづくりのために「趣味」について勉強しな

ければいけない、ということですが、165頁にあるような多岐にわたる趣味の分野について、それぞれを深く追求することは、個人によって得意不得意もありますから到底ムリです。

　要は、できるだけ多くの範囲の知識を1分野に1つでもいいから持っておくようにしてください、ということです。

　お酒を飲めない人でも「シャルドネ」というワイン用のブドウの名前1つを知っていれば、ワイン通のお客様との会話が立派に開けていくのです。会話が始まったら、あとは知識を教えてもらう形で行けばよいのです。

♣ある居酒屋さんでのお話

　その小さな居酒屋さんは東京の都心にあり、お値段もお手頃で、30歳のマスターも気さくな人でしたので、評判は上々でした。

　ある夏の日の夕方、開店直後のお店に、高価なサマースーツ姿の年配の女性が1人で入って来られました。初めての、しかも居酒屋さんには不釣り合いな感じの方でしたので、マスターは少し戸惑いましたが、丁重にお迎えすると、お客様はおっしゃいました。

　「わたし、そこのホールでクラシックのマチネーコンサートを聴いて来たんだけど、この暑さでしょ。お友だちと別れたとたん、無性にノドが乾いちゃって。で、歩いていたら看板が目に入ったものだから、ここに来てしまったの。わたし、お酒は飲めないので、何か冷たいものをくださるかしら」。

　ウーロン茶をお出しすると、お客様は美味しそうにそれを召し上がりながら、しかしちょっと寂しそうに「あなた若いし、クラシックなんて聴かないわよね。つまんないわね、こんなオバサンと話しても」とおっしゃいました。

　確かに彼はクラシック派ではありませんでしたが、生涯でたった1回、高校時代に学校行事でモーツァルトの生演奏を聴いたことがあったので、そのことをお話しました。

　するとその瞬間、お客様のお顔がパッと輝いたかと思うと、洪水のようにモーツァルト談義が始まったのです。約1時間話した後、「あなたもこのお店も、わたし大好きになったわ」とおっしゃりながら、お客様はお帰りになりましたが、それ以来、決まって週に1度お友だちを連れて来てくださるようになりました。そのつどマスターは、クラシック音楽のことをこのお客様から勉強させてもらっているそうです。

　自分にとって不得意な分野でも、ありったけの知識を総動員してお話してみましょう。会話の道は、必ずすばらしく開けて行きます。

② 1人ロールプレイングの実際

> **Point**
> ♣その人に対する処方箋をつくっておきます。
> ♣お客様を演じてお客様を理解します。
> ♣スタッフを演じてさまざまな場面を擬似体験します。
> ♣人がモノを買う心理。
> ♣人がモノを買わない心理。
> ♣人が店に来てからモノを買うまでの心の動き。

❶お客様を演じてみよう

♣身上書にはその人への対処法を書いておく

　セルフ・ロールプレイングは、相手をこちらの意図する方向へ誘導していくのが目的ですから、向こうの性格などに基づいた反応を逐一イメージし、それに対してうまく応じながら言葉を繰り出し、表情をつくり、所作を行っていきます。しかし、目の前に存在してもいない架空の人物の反応を細かくイメージすることは、なかなか容易ではありません。

　そこで、作成した人物の身上書に、その人への対処のしかたを、カンタンでよいですから、赤ペンで書き込んでおいてください。

　「男性、50代、企業幹部、気が短い、気が強い、高慢→センスをほめる、ムダ話はしない、目を正面から見て話す、『教えてください』を活用する」

　「女性、30代、企業社員、気が長い、気が弱い、無口→ソフトな声で話す、『さしすせそ』トークを使用、目の少し下を見て話す」という具合です。

　つまり、処方箋をあらかじめつくっておいて、その線に沿って演じていくわけです。プレイング中は常に目に入るように、鏡の前にこれを置いていますから、台本を見ながら演技をするのと同じで、とても安心して演じることができます。

　それから、時計かセルフタイマーなどを用意し、5分たったら知らせるよ

うにセットしてください。プレイングは5分単位で行います。また、イメージがまとまらず、たとえ5分以内に架空のお客様が「買う」といわなかったとしても、あなたはそのお客様のお相手を経験したことになりますから、結果はあまり気にせず、プレイングの実践自体に意義を見出してください。

♣10人の設定人物になってみる

まず、自分で設定した10人の人物になったつもりで、お客様を演じてみましょう。商談の相手と設定しても実施可能です。お客様の心理を想像し擬似体験することは、スタッフとして非常に意義深いことです。具体的な手順は、次のとおりです。

【お客様を演じる】
① タイマーをセットして、鏡の前に立つ。
② 人物の身上書を鏡の前に置く。
③ スタッフが出会ったときの「あいさつ」をするのをイメージする。
④ 身上書を見ながら、客として反応する。
⑤ それに対してスタッフが話すのをイメージする。
⑥ それに対して返答する。
⑦ それに対してスタッフが話すのをイメージする。
⑧ これをくり返す。
⑨ 自分が「買う」。
⑩ スタッフがお礼を述べ、別れのあいさつをするのをイメージする。

あなたが演じるお客様は、初め商品を買うつもりがありません。それが、スタッフの働きかけで徐々に購買意欲をそそられ、最後は買う気になって、実際に買ってしまう、という設定で行ってください。商品は、あなたがよく知っているものならなんでもよいでしょう。

また、スタッフの言動は、あくまで身上書に書いたその人物への対処法に沿ったものである、とイメージしてください。演じている間に感じ取ってほしいのは、自分が扮しているお客様はどんな応対をうれしく、または不快に思うのか、ということです。

♣ **素(す)の自分でお客様を演じる**

　他の誰でもない、ありのままの自分がお客様になったつもりでプレイングをすると、より強く実感が湧きます。自分がどういう応対にどんな反応をするのかを意識しながら演じ、後で自分の性格などを振り返ってまとめてみるとよいでしょう。

　そして、できれば自分の身上書もつくっておくのです。これは、自分と共通する性質を持った人が実際にお客様となった場合、接客上、大変に有力な武器となります。

❷スタッフを演じてみよう

♣ **あなたが10人のお客様に応対**

　次は、身上書の10人の人物をお客様と設定して、あなたがスタッフを演じてください。これもまた、場面を商談の現場と想定し、お客様を商談相手と設定して実施することもできます。具体的な手順は、次のとおりです。

【お客様の応対をする】
① タイマーをセットして、鏡の前に立つ。
② 人物の身上書を鏡の前に置く。
③ 対面。お客様と出会ったときの「あいさつ」をする。
④ 身上書を見ながら、相手の反応をイメージする。
⑤ それに対してこちらが話す。
⑥ それに対する相手の返答をイメージする。
⑦ それに対してこちらが話す。
⑧ これをくり返す。
⑨ 相手が「買う」。
⑩ こちらがお礼を述べ、別れのあいさつをする。

　あなたが接客するお客様は、やはり初めは商品を買うつもりがありません。それが、あなたの働きかけで徐々に購買意欲をそそられ、最後は買う気になって、実際に買ってしまう、という設定で行ってください。商品は、先ほどと同じく、あなたがよく知っているものならなんでもよいでしょう。

　また、あなたは、あくまで身上書に書いたその人物への対処法に沿って応対してください。そして、演じている間に学んでほしいのは、設定人物への対処法をどういう言葉、表情、所作で表現したのか、ということです。

♣クレーム、トラブルへの対応もイメージして実施しておくとよい

　お客様から突然クレームが来たり、店内でお客様との間になんらかのトラブルが発生したという想定でプレイングを行うと、いざというとき非常に効果的です。

　いうまでもなく、クレームもトラブルもお客様の怒りを鎮め、要求を実現して納得していただくのが対応の基本ですが、要はいかに早く、円満に解決するか、です。そのためには、そのお客様に最も適した方法で対処しなければなりません。

　難しい気性のお客様を設定人物にしたプレイングを重ねておけば、万が一の場合にもあわてずにすみます。

❸こういうときに人は「買う」！

♣感動したとき、人はモノを買う！

　世の中には良い商品やサービスが多いのに、なぜかそれが売れていないことがあります。いったいどうしてでしょうか。

　それは、売り方に問題があるからです。売り方とは、売り手のあり方です。売り手が買い手のことを心から考えていないのです。

　ある観光地の有名ホテルのベーカリーレストランは、トーストを注文したお客様にバターとジャムをいくらでも無料で提供しています。自分たちがお出しするトーストを、お客様にどこまでも美味しく味わっていただきたい、と思っているのです。ですから、要求されるや、なんとバスケットいっぱいの山盛りバターをどーんと持ってきてくれます。

　これは、お客様にとっては正に「感動」モノです。ですから、多くのお客様はもう1つずつトーストとコーヒーを注文してしまいます。感動するからです。

　感動とは、予測を越えた、期待を大きく上回ったすばらしい出来事に遭遇したときに起こる、衝撃的なまでの喜びです。

　売り手が、目先の損得などにとらわれることなく、心から買い手のことを考えていれば、買い手は感動します。そして、そうやって感動したとき、ヒトは、モノを、サービスを買うのです。お客様を感動させましょう！

　けっして手を抜かず、お客様のために誠心誠意力を尽せば、お客様は感動

します。

❹こういうときに人は「買わない」！

♣お客様より自分たちが大事

　お客様というものは、スタッフがお客様以外のものをより大事にすると、すぐ直感でわかります。そして、その瞬間、買うのをやめ、その店には二度と行きません。しかも、そのことを店に教えてくれない一方、いろいろな人に話し、悪い評判が急速に広がっていきます。大変に恐ろしいと思いませんか。

　先日も、筆者はスーパーで不愉快な思いをしました。

　店内の自動販売機で買ったタバコを、他の商品といっしょに買い物カゴに入れてレジに持って行ったら、係の中年女性が不審そうにタバコをにらみつけています。

　そこで、機械を指差して「あの自動販売機で買ったんです」といいました。すると、その女性は不機嫌そうに「買ったんですか。じゃあ、ここに入れないでください」と、おっしゃったのです。

　彼女の目は明らかにこういっていました。「私がレジを打つときに邪魔だから、商品と関係ないものは絶対にカゴに入れるな！」。

　つまり、あの人は、自分優先だったわけです。レジに立っていても、お客様のために働いているという意識がほとんどなかったのです。

♣これ、いったいいくら？

　ある奥様がシャンプーを買おうと思って、別のスーパーに入りました。しかし、品物はあるのですが、値段が表示されていません。レジに持っていって、商品のバーコードを読み取ってもらえば値段はわかりますが、思ったより高かったら買いたくありません。そのとき、はっと気づきました。すぐそばにドラッグストアがあったのです。

　即座にドラッグストアに行きました。すると、そのシャンプーが20％オフの大幅割引価格で売られていました。むろん、そこでそのシャンプーを買いました。そして、その日から、奥様はそのスーパーにだんだん入らなくなり、今ではそこで全く買い物をしていません。

ドラッグストアでは、商品に丁寧な説明書がついていて、とても買いやすいので、たいていの物はそこで買うようになりました。

♣基本的な情報は確実に伝える

商品についての最も重要な情報である価格がどこにも表示されていないのは、もはや常識の外ですが、そのスーパーでは、ある商品の棚に付けられたポップ（商品説明などをわかりやすく書いた紙など）が他の商品の表示価格や、ひどいときは他の商品そのものを覆い隠して見えなくしてしまっていることがよくあります。

買いたくて来ているお客様に情報を与えないばかりか、商品それ自体を見せないのでは、買いようがありません。

♣このデパートはイケナイかも・・・

こんな話があります。

その日、彼はあるデパートの女性用アクセサリー売り場にいました。奥様への誕生日プレゼントを買うためです。実は、彼はああいう所に行くのがとても苦手で、そのときも内心照れくさくてドキドキしていました。

すると、そこに若い女性のスタッフがスッとやって来て、ひとこといいました。「プレゼントですか」。

なぜかその言葉の響きが人をバカにしたように聞こえて、彼はカチンときてしまって、思わずこう言い放ってしまいました。「あたりまえでしょう！ぼくがこんなものを身に付けるはずがないじゃないですか！」。

彼女はちょっとビックリした顔をしましたが、すぐにもとの笑顔に戻り、こちらの注文をあれこれと聞き出してはいろいろな品を持って来てくれ、彼は結局その店でプレゼントを買って帰ることができました。

しかし、帰りの地下鉄に乗るために階段を降りながら、思いました。

「このデパート、ひょっとすると、つぶれるかも」。

彼の予感は見事に的中しました。そのデパートは、半年後に倒産したのです。

♣お客様を見抜けないとダメ

その女性スタッフは、笑顔も気持ちよく、言葉使いも丁寧で、その意味では一定水準以上の接客要員だったのでしょう。

しかし、彼女には「観察眼」が欠けていたのです。このお客様が、現在、

どういう心境で、この売り場に立っているのか、を見抜けなかったのです。

あのとき、もし彼女が「どのようなものをお捜しですか。お手伝い致しましょうか」とやんわり聞いてくれれば、たぶん「いやあ、家内の誕生日なんですが、どういうものがいいのか、なかなかわからなくて」などといいながら、彼は心の中でホッとしていたに違いないのです。

あの日、そのデパートで使える割引カードを持っていましたので、彼は他の店に移りませんでしたが、カードがなかったら何も買わずに出て来て、さっさと別のデパートに入っていたはずです。

まさに販売スタッフの言葉1つ物腰1つで、モノが売れたり売れなかったりするのです。

お客様の心を洞察し、それに合ったお声をおかけしましょう。

❺これが「入店前」から「購買」までのお客様の心の動きだ！

♣お客様を見抜くには、その心理を知ること

お客様の気持ちを見抜き、それにピッタリの言葉と態度で接すればお客様は感動し、モノやサービスを喜んで買ってくれます。

そのためには、店にやって来てから買うまでのお客様の心理の推移を知っておくことが欠かせません。説明しますから、よく記憶しておいて現場で活用してください。

♣入店前→「期待」

田中君は最近新しいネクタイがほしくなっていました。職場の友人がしめていた、ちょっと細めの地味な色のタイプがカッコよかったので、ああいうのが2〜3本あったらいいなと思っていました。

休みの日、本屋さんに行った帰り、偶然通りがかったメンズファッションの店の前で立ち止まりました。ショーウインドウのセンスが良かったので、「ここなら、あるかも」と思ったのです。

その店に入ることを決めた時点で、お客様は自分が望んでいるモノがこの店にあるかもしれない、と「期待」しています。「期待」しなければ、その店には絶対に入りません。ですから、この段階で、お客様はすでにモノを買う気を持っているのです。したがって、この「期待」に答えることが必要に

なります。間違っても「期待」を裏切ってはいけません。

　最も理想的な「期待」への答えは、お客様の望みどおりの商品を提供することです。もちろん、接客、店の雰囲気、価格、付随するサービスなど、商品に関係する要素すべてもまたお客様の望みどおりなら、いうことなしです。

♣入店→「緊張」

　店に入ると、若い男性スタッフが頭を下げながら、優しく「いらっしゃいませ」とあいさつをしました。「いい感じじゃない」と田中君は思いましたが、外から見るより店内が広く、ネクタイ売り場がどこにあるのか一目では見つけられません。

　「あるのかなあ、ここに・・・」。

　田中君は、ゆっくりと店の中を見回しました。

　実際に店に入ってお客様が最初にやるのは、店内を見ることです。その店全体の空気を五感でつかむためです。これは生き物としての生理的な作業ですから、これが終わらないうちにスタッフがお声をかけてはダメです。お客様は調子を狂わされて「おせっかいだな」と思い、不機嫌になります。

　そして、次に望みのモノを捜し始めます。このとき、捜しながら「自分がほしいモノが、果たしてあるかなあ。もしなかったら、どうしようかなあ」と思っています。これは、いってみれば「緊張」です。

「緊張」が連続すると疲れます。ですから、「緊張」の後には休みが必要となります。「弛緩(しかん)」です。

この場合、お客様の「緊張」を解消する「弛緩」としての行為は、お捜しのモノへと導いていき、最終的にはそれを提供することです。

♣商品を発見→「喜び」

田中君がキョロキョロしながら歩いていると、さっきの男性スタッフが静かに歩いて来ていいました。

「いらっしゃいませ。何かお捜しでしたら、ご案内致します」。

「ちょうどよかった」とホッとしながら、田中君はネクタイを捜していると告げました。やがて、彼に連れて行かれたネクタイ売り場を見て、田中君は驚きました。ほしかったのとピッタリのネクタイが、何本もディスプレイされていたのです。

「やったあ！」。

お客様の「緊張」を解消する「弛緩」としての行為、「お捜しのモノへと導く」を的確に行ってもらうと、その時点でお客様は安心します。

この「緊張」から「弛緩」に移行する救いの手をお客様に差し伸べるタイミングは、絶妙でなければいけません。早すぎると前述の「五感による観察」がまだ終わっていませんし、遅すぎると「緊張」が続いて疲れてしまいます。

「五感による観察」が終わり、お客様が「緊張」に耐えられなくなったころを見計らってお声をかけるのです。具体的には、お客様がスタッフに何かを聞きたいなあという素振りを見せたら、です。

そして、売り場で望みどおりの商品が見つかると、お客様の心は「喜び」で満たされます。もし、望みどおりの品がない場合、お客様は次の３つの選択肢の中から後の行動を選ぼうとします。

【望みどおりの品がないときのお客様の行動】

望みどおりの品がないときのお客様の行動	① 代わりの商品を選ぶ。
	② 望みの品を取り寄せさせる。
	③ ここでは買わず、他の店に移る。

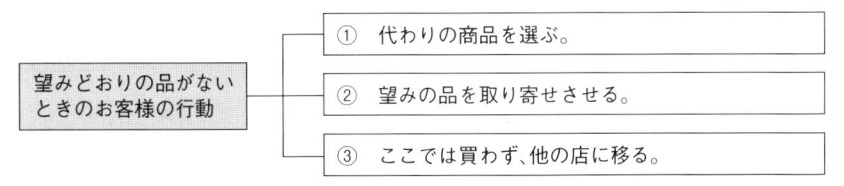

なんとしても１か２を選んでもらうためには、ムリなく代替品の良さをアピールする、取り寄せまでの日数を正確に伝える、お待たせすることへの代償としての特別サービスを提案する、などの方法を取ることが必要です。

♣ 予想を越えた商品、サービス→「感動」

　内心大喜びでウキウキしながら、田中君は何本ものネクタイを手に取りました。でも、付いている値札を見て「うっ」と思いました。
　「イ、イチマン……」。
　そのネクタイは、1本15,000円もするものだったのです。
　社会人1年生の田中君にとっては、少々キツイ値段です。
　「と、とっても買えないよ、2〜3本なんて。せいぜい1本かなあ」。
　同じネクタイをしめて働いている友人の姿が思い出されました。
　「あいつ、こんな高いネクタイしてたんだ」。
　田中君は、ため息をつきながら、仕方なさそうにネクタイをディスプレイに戻そうとしました。すると、そばにいた男性スタッフが、柔らかい声で自分もまたうれしそうに、ゆっくりといいました。
　「お客様。よろしゅうございましたねえ。そのシリーズは、ただいま限定キャンペーン中で、3本お買上げの場合、1本のお値段でお買い求めいただけるようになっております」
　「ええっ！　ほ、ほんと！」。
　よく見ると、陳列棚にブランド名とその旨が書かれたボードが立っていました。田中君はそのネクタイがそのブランドのものだと知らなかったので、見落としていたのです。
　「よおっし！　3本買えるう！」。
　目当ての商品を見つけて「喜び」に包まれたのも束の間、値段を見て愕然、泣く泣くあきらめる、ということはよくあります。それが急転直下、激安価格で買えることになったら、これはもう「感動」です。
　この例のように大幅な値引がわかって大満足とならなくても、お客様はほしかった商品と出会えて、それを実際に手に取り、その品質にも特徴にも満足し、スタッフの接客が好感度に満ちたもので、いろいろな特典やサービスが付随しており、なおかつそれらに比べて価格が同等か安いと思ったら、「感動」しながらお金を出します。
　大事なのは、お客様が、価格に比べて商品やサービスが予想を越えてすばらしい、と感じるようにすることです。そうすれば、お客様は「感動」します。先にお話ししたように、「感動」したとき、人はモノを買うのです。

♣ 購買→「満足」

　「この3本、ください」

「ありがとうございます。15,000円、ちょうだい致します」。

店を後にしながら、田中君は思いました。

「この店に来て良かった。これから、ネクタイはここだね」。

翌日、彼はさっそく新しいネクタイをしめて出勤しました。とても新鮮な気分でした。すると、ネクタイに注目しながら、あの友人がやって来ていいました。

「買ったな。いいじゃない。似合ってるよ。ところで、それ、新宿の○○○で。キャンペーンで安かっただろ。実はオレも」。

自分の購買行動が自分にとって非常に高い価値を有するものだと改めて自覚できたとき、お客様は「満足」します。

液晶大画面テレビを破格の安値で買えて喜んでいたら3日で映らなくなった、とか、こんなにいい料金なのだから良いホテルに泊まれるだろうと思って行った海外ツアーの宿が連日停電で往生した、とかではダメです。

出したお金と同等かそれ以上の価値を、買ったモノやサービスの中に確認したとき、お客様は初めて「満足」するのです。そして、その価値が、出したお金に比べて大きくなればなるほど、「満足」も大きくなります。

さらに、この「満足」が大きくなればなるほど、お客様は何度も来店してくれるようになります。しかも、新しいお客様をいっしょに連れて来てくれます。

♣「期待」→「緊張」→「喜び」→「感動」→「満足」

お客様の「期待」に答え、「緊張」をゆるめ、「喜び」に導き、予想を越えた商品とサービスで「感動」を与え、商品に大きな価値を認めて「満足」させる、というのが、入店前から購買までのお客様の心に対する対処のしかたです。どんどん実践して、リピート率を大いに上げましょう。

♣ **お客様を喜ばせ感動させれば逆に感謝される**

考えてみると、日本人はお客様の立場になると突然無口になります。スーパーのレジで商品を計算してもらいながら、全く口をきかない人のなんと多いことでしょう。係の人が「こんにちは。いらっしゃいませ」「3本まとめて500円

2 1人ロールプレイングの実際

になります」「○○○円ちょうだいいたします」「ありがとうございました。またお越しくださいませ」と何回も言葉をかけているのに、お客様のほとんどは無表情で無言です。

　これに比べると欧米人は逆です。そして彼らはよく「ありがとう」といいます。レストランで料理を運んでもらったとき、バスから降りるとき、ホテルでドアを開けてもらったとき、商店で買い物をしたとき、等々。誰かのお世話になったら、たとえ自分がお客様の立場であっても、それがどんなに些細なことであっても必ず「ありがとう」といいます。相手が他人でも家族でも同じです。積極的にコミュニケーションをつくろうという姿勢が、基本にあるのだと思います。

　対する日本人はお客様になったとき、ただでさえ無口なのですから、ましてや「ありがとう」などとはまずいいません。もし「ありがとう」といったとしたら、それは大変な満足、喜び、感動に襲われた場合だけでしょう。

　しかし、東北地方にある有名な観光ホテルの例です。宿泊料はけっして安くはありません。温泉があり、浴場施設は大変に充実しているものの大都市から遠く、空港や列車の駅からも離れていて不便な所にあるのにもかかわらず、お客様は一年中途切れることなく、しかも、チェックアウトするときにほとんどのお客様が「ありがとうございました」とおっしゃるのだそうです。実にきめの細かいサービスと、人間味あふれる手作り感満点のおもてなしが人気の秘密なのですが、お客様がみな「ありがとう」というというのは驚異的なことです。大変な喜び、感動、満足を覚えたからこそ、みなさん「ありがとう」とおっしゃるのです。そして、そういうお客様は必ず別のお客様を連れて、何度でも来てくださるのです。

　お客様に「ありがとう」といわせることを目標にしましょう。お客様を喜ばせ、感動させ、満足させましょう。

♣お客様になったつもりで考えるのがすべての基本

　お店や会社を一歩出たら、あなたもお客様です。電車やタクシーの乗客、飲食店の常連客、スーパーの買い物客になります。そういったお客様になっているときの感覚を自分が接客するときに思い出し、活用しましょう。

　お客様としてうれしかったことは大いにまねしましょう。お客様として不愉快だったことは絶対にしないように肝に銘じましょう。

　自分がお客様だったら何が心地よく何が不快なのか、常に考えてお客様に接しましょう。

❻あがらないで、リラックスして話ができる方法

　良い声を獲得し保持できても、人前で緊張してその声をうまく出せなかったら意味がありません。
　そこで、あがらないで、リラックスして話ができる方法をご紹介します。

♣ステップ１/原稿をつくる
　なんでもそうですが、失敗しないためには準備を完璧にすることです。
　話をする内容を徹底的に頭に叩き込みましょう。目をつぶっていても、話の一部始終を文章として書き出せるまでにするのです。すなわち、自信を付けるのですので、話の進め方を考え、構成を決めたら文章化していきます。

♣ステップ２/原稿を覚える
　次に、原稿ができたらこれを覚えていくのですが、最も効果的な方法は、文章を声に出して読みながら手で書き写すやりかたです。
　口、目、耳、頭、手先の５つを同時に使うとき、人間は記憶力を最大限に働かせるといいます。
　しかも相手は自分の文章ですから、そう難しくなく覚えられるはずです。３回目に書き写すときには、ほとんど原文を見なくても書けるようになっているでしょう。

♣ステップ３/想定問答集をつくる
　その場で人とやり取りをするのなら、予想される発言や質問と、それに対するこちらの応答を事前に考え、やはり書き出して覚えておきましょう。

♣ステップ４/リハーサルを重ねる
　そして、原稿を覚えたら稽古です。相手がそこにいるつもりで、想定問答を織り交ぜながら行います。もちろん、稽古の途中でセリフに詰まったら原稿を見て、これも自分が納得できるまで何回でも行ってください。

♣ステップ５/当日は原稿を持って話す
　話している間に緊張して、覚えたことを全部忘れてしまったらどうしよう、

と心配でしたら、当日は原稿をきれいなファイルなどに入れて持って行き、それを手にしながら話しましょう。そして、話の途中で万が一記憶が途絶えてしまったときは、原稿を見ましょう。

♣ステップ6／相手のことを知る
　先方の会社や人物についての情報をできるだけ多く集めて、確認しておきます。これをやっておくと気持ちがグンと落ち着いて緊張しなくなります。

♣ステップ7／慣れた服装で臨む
　着慣れた服、履き慣れた靴を身に付け、持ち物も使い慣れたものを持って行きましょう。それだけで、ずいぶんとリラックスできます。

♣ステップ8／相手の表情を読む
　話している間、相手の表情の変化に注意し、相手が少しでも良い反応を示したらその方面に話題を導きましょう。楽しく話せば緊張もなくなります。

♣ステップ9／「大丈夫、自分にはできる」と念じる
　人間は自分がイメージしたものにしかなれない、といわれます。飛込みの営業などで初めての会社に行くとき、緊張でからだが震えたら、「いつも商品や営業についてあれほど勉強しているのだから、自分にはできる。大丈夫」と念じ、商談をまとめている自分をイメージしましょう。緊張しているときは、失敗している自分を無意識に想像しているから緊張しているのです。

♣ステップ／それでも、もしあがってしまったら
　それなのに、話の最中にやはりあがってしまい、うまくしゃべれなくなってしまったらどうすればよいか、です。
　そんなときは、まず相手も同じ人間だ、誠意を尽くそうと思うことです。そして、素直に謝ればよいと思います。
　まことにお恥ずかしいのですが、緊張のあまり自分は上手にお話できなくなってしまいました、申し訳なく思います、と。
　つまり、自らの緊張を客観的に自覚するのです。そうすると、ずいぶんと動揺が消えます。また、そういう潔い態度が相手に好感を与えたら、場の空気も和んで行くでしょう。
　そこで、向こうから冗談の1つでも出るようになれば、こちらも徐々に冷静さを取り戻し、再びしゃべり始めることができるでしょう。

おわりに

　生まれて初めて入った店で、生まれて初めて会った人からモノやサービスを買うというのは、究極のコミュニケーションです。考えてみてください。それまで縁もゆかりもなかった人に、モノやサービスと引き換えに、一生懸命働いて稼いだお金をわたすのです。これは大変なことです。

　一方、現在の日本は、コミュニケーションがおかしくなっています。親しく交流するべき人同士が、絶えず憎みあったり攻撃しあったりしています。人と人との関係がうまくいっておらず、人間が本来持っている力が、人間だけに与えられた表現能力が、衰えてしまっています。

　人間には、心で感じ、頭で考えたことを、言葉とからだで伝える力があります。心、頭、言葉、からだ。この４つを組み合わせて駆使することでコミュニケーションができるのは、人間だけです。

　それなのに、現代人はこれがとても下手になってしまいました。この力を再開発して、いろいろな場面に活用していけば、世の中はもっともっと住みやすくなるはずです。そういう思いから、本書を書きました。

　特に、営利を追求する企業では、お客様との人間関係づくりが基本中の基本です。なにしろ相手はあなたとは全くのアカの他人なのに、関係のつくり方次第では、自分の大切なお金を惜しげもなく、くれようとするかもしれないのです。

　せっかくすばらしいモノやサービスを持っているのに、ほとんど売れていない店や会社を見るにつけ、「もっと上手に工夫すれば売れるのに。本当にもったいないなあ」と感じていました。

　本書があなたのお客様に好感度を与え、「あなたから買いたい」といわせる一助となれば幸いです。

　執筆をすすめてくださった赤澤渡氏、原彰宏氏、執筆中常に励ましてくれた家内の谷優璃香に心から感謝します。

　　　　　　　　　　　　　　　　　　　　　　　　　　　谷　直樹

著者略歴

谷　直樹（たに　なおき）

1957（昭和32）年東京都出身。明治大学文学部演劇学専攻卒業。
晴海総合高校演劇講座創立以来9年間、7種類もの演劇講座を独りで創造して担当、研究に打ち込む。東京都高等学校演劇連盟理事、社団法人全国学校図書館協議会の図書選定委員を歴任。
2006年に独立し、谷直樹アトリエを主宰。
演劇的手法を使った心の解放法「シアターセラピー」を創造研究しながら、感動セミナー＆ワークショップを展開している。
現在、NYコミュニケーションズ代表。日本演劇学会会員、日本劇作家協会会員、劇場文化ドラマの会会員。
著書「谷直樹脚本集」「おいしい水～谷直樹脚本集2」「谷直樹演劇論集」「瞑想（戯曲）」「しあわせスリム（エッセイ）」「ヴァーチャル（戯曲）」「真夜中の報酬（シナリオ）」（以上、一文舎刊）他にも、共著、論文、研究発表等、多数。
NYコミュニケーションズホームページ
http://www.ny-comu.com/

あなたの売上が3倍になる好感度「話し方」トレーニング

2008年8月25日　発行

著　者　　谷　直樹　　ⒸNaoki Tani

発行人　　森　忠順

発行所　　株式会社セルバ出版
　　　　　〒113-0034
　　　　　東京都文京区湯島1丁目12番6号　高関ビル5B
　　　　　☎ 03 (5812) 1178　FAX 03 (5812) 1188
　　　　　http://www.seluba.co.jp/

発　売　　株式会社創英社／三省堂書店
　　　　　〒101-0051
　　　　　東京都千代田区神田神保町1丁目1番地
　　　　　☎ 03 (3291) 2395　FAX 03 (3292) 7687

印刷・製本　中和印刷株式会社

●乱丁・落丁の場合はお取り替えいたします。著作権法により無断転載、複製は禁止されています。
●本書の内容に関する質問はFAXでお願いします。

Printed in JAPAN
ISBN978-4-901380-95-9